ATLAS
DES
Cinq Parties du Monde
Ouvrage Indispensable

Pour étudier avec fruit la Géographie moderne et dont toutes les Cartes ont été dressées d'après les dernières découvertes et les derniers traités de paix.

Par un ancien Chef au dépôt de la Guerre, Membre de la Société de Géographie de Paris. &c. &c.

Précédé

D'un résumé de Géographie moderne (Cosmographie et Géographie physique et politique) avec des notions sur les mœurs et usages des différens peuples.

Par Mr. Hemann professeur de Géographie et d'histoire. &c. &c.

PARIS

1836.

ATLAS

DES

CINQ PARTIES DU MONDE.

PARIS. — IMPRIMERIE ET FONDERIE DE RIGNOUX ET Ce, RUE DES FRANCS-BOURGEOIS-SAINT-MICHEL, 8.

ATLAS

DES

CINQ PARTIES DU MONDE.

OUVRAGE INDISPENSABLE
POUR ÉTUDIER AVEC FRUIT LA GÉOGRAPHIE MODERNE,
ET DONT TOUTES LES CARTES ONT ÉTÉ DRESSÉES D'APRÈS LES DERNIÈRES DÉCOUVERTES
ET LES DERNIERS TRAITÉS DE PAIX;

Par un ancien Chef au Dépôt de la Guerre,
MEMBRE DE LA SOCIÉTÉ DE GÉOGRAPHIE DE PARIS, ETC., ETC.

PRÉCÉDÉ

D'UN RÉSUMÉ DE GÉOGRAPHIE MODERNE (COSMOGRAPHIE ET GÉOGRAPHIE PHYSIQUE ET POLITIQUE), AVEC DES NOTIONS SUR LES MŒURS ET USAGES DES DIFFÉRENS PEUPLES,

PAR M. HEMAN,
PROFESSEUR DE GÉOGRAPHIE ET D'HISTOIRE, ETC., ETC.

PARIS.

CHEZ THIERIOT, LIBRAIRE, RUE PAVÉE-SAINT-ANDRÉ, 9.

—

1836.

RÉSUMÉ

DE

GÉOGRAPHIE ASTRONOMIQUE, PHYSIQUE ET POLITIQUE.

CHAPITRE Ier.

NOTIONS GÉNÉRALES.

On divise ordinairement la Géographie en trois parties, qui sont : la *Cosmographie* ou *Géographie astronomique*, la *Géographie physique*, et la *Géographie politique*.

La *Cosmographie*, dont l'origine remonte à la plus haute antiquité, est la description du globe que nous habitons, considéré comme lié au système des autres corps célestes. Cette description se fait à l'aide de lignes, de cercles et de degrés, avec lesquels on divise l'espace que l'on suppose limité, bien qu'il soit sans bornes.

La *Géographie physique* comprend la configuration de la terre et la connaissance des élémens qui la composent.

La *Géographie politique* est la division du globe en grandes parties, et la subdivision en États; elle comprend la connaissance des mœurs, des formes de gouvernement, et des religions de tous les peuples.

On peut aussi diviser la Géographie en *ancienne* et en *moderne*.

Nous allons nous occuper d'abord de la *Cosmographie*, c'est-à-dire faire connaître les divers phénomènes célestes considérés dans leur rapport avec la terre.

CHAPITRE II.

DE LA COSMOGRAPHIE.

Ainsi que nous l'avons dit plus haut, l'origine de la Cosmographie se perd dans la nuit des temps. Zoroastre, le plus ancien astronome dont le nom soit venu jusqu'à nous, vivait environ quatre mille ans avant Jésus-Christ. Au deuxième siècle, le grec Ptolémée publia son *Système du monde*, système ingénieux, quoique reconnu faux depuis, et qui fut remplacé par celui du célèbre Copernic, qui, le premier, démontra la fixité du soleil et le mouvement de la terre autour de cet astre.

Système planétaire.

Le système planétaire comprend onze planètes et dix-huit satellites; ces satellites sont de petites planètes qui se meuvent autour des planètes principales. Toutes les planètes reçoivent la lumière du soleil, bien que quelques-unes soient à une immense distance de cet astre; les noms des planètes sont, *Mercure*, *Vénus*, *la Terre*, *Mars*, *Vesta*, *Junon*, *Cérès*, *Pallas*, *Jupiter*, *Saturne* et *Uranus*. La *Terre* a un satellite, qui est la lune; *Jupiter* en a quatre, *Saturne* sept, et *Uranus* six.

Les phases de la lune et les éclipses sont causées par le mouvement des planètes.

Les comètes sont des corps célestes dont le mouvement ne peut que très difficilement être calculé, à cause de son irrégularité; elles parcourent des orbites d'une si grande étendue, qu'elles doivent être soumises successivement à la chaleur la plus grande que l'on puisse imaginer, et au froid le plus intense.

En général, les astronomes regardent les étoiles comme autant de soleils, lesquels seraient chacun le centre d'un système planétaire semblable au nôtre. Il est au moins certain que les étoiles sont des corps lumineux par eux-mêmes, puisqu'il est impossible, à cause de l'immense distance qui les sépare du soleil, qu'elles reçoivent la lumière du soleil; il est certain aussi que les étoiles se meuvent, bien qu'on les appelle fixes; mais elles conservent toujours entre elles la même distance, ce qui a permis de les classer par constellations; la réunion des constellations compose ce que l'on nomme le *zodiaque*. Il y a douze constellations, que l'on désigne chacune par un signe, et qui sont le *Bélier*, le *Taureau*, les *Gémeaux*, l'*Écrevisse*, le *Lion*, la *Vierge*, la *Balance*, le *Scorpion*, le *Sagittaire*, le *Capricorne*, le *Verseau*, les *Poissons*.

La terre est ronde, un peu aplatie vers les pôles; on appelle *pôles* les deux points d'une ligne que l'on suppose passer par le centre de la terre, et qui conservent toujours leur même position : cette ligne s'appelle *axe*.

Les inégalités qu'offre la surface de la terre sont imperceptibles, comparativement à son étendue, et peuvent être considérées comme les aspérités que l'on aperçoit sur la peau d'une orange.

La terre a trois mouvemens : le mouvement diurne, qu'elle exécute sur son axe en vingt-quatre heures, et qui nous donne successivement le jour et la nuit; le mouvement annuel, qu'elle exécute autour du soleil en 365 jours 5 heures 49 minutes; le mouvement de nutation, par suite duquel l'inclinaison de son axe sur le plan de son écliptique est sujette à de petites variations.

De la Sphère et du Globe terrestre.

Pour expliquer plus facilement le mouvement des corps célestes, les astronomes ont imaginé une sphère creuse, que l'on appelle *sphère armillaire*, au centre de laquelle se trouve placé un petit globe qui représente la terre, et qui est formé de différens cercles que l'on conçoit comme étant tracés sur ce globe.

Comme la terre opère son mouvement diurne en tournant sur un axe supposé, la sphère armillaire est munie d'un axe réel qui passe par son centre, et autour duquel elle se meut; on appelle *pôles* les deux extrémités de cet axe : l'un, qui est le pôle nord, se nomme *pôle arctique*, et celui qui se trouve au midi se nomme *pôle antarctique*.

Les cercles de la sphère sont de deux ordres, les grands et les petits; et bien que leur étendue soit immense, on les divise en 360 parties que l'on nomme *degrés;* le degré se divise à son tour en 60 parties que l'on nomme *minutes;* la minute se divise en 60 autres parties que l'on nomme *secondes*, et la seconde également en 60 parties que l'on nomme *tierces*.

Les grands cercles sont au nombre de six, savoir : l'*horizon*, le *méridien*, l'*équateur*, l'*écliptique*, et les deux *colures;* il n'y a que quatre petits cercles, qui sont les deux *tropiques* et les deux *cercles polaires*.

L'horizon divise la terre et les cieux en deux hémisphères égaux, l'un supérieur, l'autre inférieur, et dont le centre est la terre. On donne à ce cercle deux pôles, dont l'un est au-dessus de notre tête, et s'appelle *zénith;* l'autre est sous nos pieds, et se nomme *nadir*. Indépendamment de cet horizon, que l'on nomme *horizon rationnel*, il y en a un autre appelé *horizon sensible*, c'est celui qui termine de tous côtés notre vue.

Le méridien indique le milieu du jour au moment où le soleil s'y trouve : il est vertical, et passe par les pôles du monde. Au moyen de ce cercle, le ciel se trouve partagé en deux hémisphères, l'*oriental* et l'*occidental*. Il y a autant de méridiens que de degrés dans un cercle; on en pourrait même concevoir autant qu'il y a de points dans ce cercle.

L'équateur, que l'on nomme aussi ligne équinoxiale, est un cercle perpendiculaire aux méridiens; son axe et ses pôles sont l'axe et les pôles du monde; de sorte qu'il coupe l'horizon au point du vrai orient et du vrai occident; lorsque le soleil est à l'équateur, les nuits et les jours ont la même durée, et c'est de là qu'est venu à cette ligne le nom d'équateur.

L'écliptique est ainsi appelé parce que c'est dans ses limites qu'ont lieu toutes les éclipses; il coupe l'équateur en deux points diamétralement opposés, et il se divise, comme les autres cercles, en 360 degrés, mais avec cette différence que ces degrés sont divisés en 12 parties égales, et que chacune de ces parties, étant de 30 degrés, est représentée par un des signes du zodiaque : ces signes sont les 12 constellations dont nous avons parlé plus haut.

Les colures sont deux grands cercles de la sphère qui sont perpendiculaires à l'équateur ainsi que l'un à l'autre, puisqu'ils se coupent tous deux à angles droits aux pôles du monde : celui qui passe par les points équinoxiaux se nomme *colure des équinoxes*, et celui qui passe par les points solsticiaux est appelé *colure des solstices*.

Les deux cercles appelés *tropiques* sont parallèles à l'équateur, dont ils sont éloignés de 23 degrés 28 minutes : le tropique du midi se nomme *tropique du Capricorne*, et celui du nord, *tropique du Cancer*.

Les cercles polaires sont éloignés chacun de 23 degrés 28 minutes de l'un des pôles du monde : celui qui est placé vers le pôle nord se nomme *cercle polaire arctique ;* le second, qui lui est opposé, est appelé *cercle polaire antarctique :* ces cercles embrassent la zone glaciale.

Les cercles tropiques et les cercles polaires divisent la terre en cinq parties, auxquelles on a donné le nom de *zones :* la première est comprise entre les deux tropiques, et se nomme *zone torride*, à cause de la chaleur qui y est continuelle et considérable, ce qui est dû au soleil qui y darde constamment ses rayons ; les deux zones comprises entre le tropique et le cercle polaire du même hémisphère se nomment *zones tempérées ;* les deux dernières se nomment *zones glaciales*, par la raison qu'étant comprises entre chaque pôle et le cercle polaire du même hémisphère, le soleil ne les éclaire que très obliquement, de sorte que le froid y est excessif.

On détermine la latitude d'un lieu par sa distance à l'équateur ; on compte la latitude en degrés, minutes et secondes, sur l'arc du méridien qui passe par ce lieu ; cette latitude est au midi ou au nord, selon que le lieu se trouve à l'un de ces deux points cardinaux.

La longitude d'un lieu est déterminée par sa distance relativement au premier méridien ; on la nomme *orientale* ou *occidentale*, selon que le lieu est placé à l'est ou à l'ouest de ce méridien. Le premier méridien est placé par les géographes à la capitale de leur pays : ainsi, en France le premier méridien est à Paris ; en Angleterre, à Greenwich ; en Danemarck, à Copenhague ; en Espagne, à Cadix.

Il y a quatre points cardinaux qui servent à s'orienter : ce sont le nord, le midi, l'orient et l'occident. Tourné vers le pôle arctique, on a le nord en face, le midi derrière soi, l'orient à droite, et l'occident à gauche.

On peut donner à la sphère trois positions, que l'on appelle la *sphère parallèle*, la *sphère droite* et la *sphère oblique*.

La sphère parallèle est celle dont les pôles sont éloignés de 90 degrés de chaque côté de l'horizon, et dont l'équateur est parallèle à ce dernier.

La sphère droite est celle dont les pôles se trouvent dans l'horizon, et dont l'équateur est perpendiculaire à l'horizon.

On appelle sphère oblique celle qui a l'un de ses pôles élevé au-dessus de l'horizon, et l'autre baissé en dessous, de manière que l'équateur forme un angle avec l'horizon.

CHAPITRE III.

GÉOGRAPHIE PHYSIQUE ET POLITIQUE.

Division du Globe terrestre.

Le globe terrestre se divise en deux grandes parties fort inégales, la terre et l'eau; les eaux occupent environ les deux tiers de sa surface, les terres forment l'autre tiers; ces terres sont de deux espèces, les continens et les îles.

Un *continent* ou *terre ferme* est une grande étendue de terre qui comprend plusieurs régions, lesquelles ne sont pas séparées par des mers. Les anciens ne connaissaient qu'un continent, qui se compose de l'Europe, l'Asie et l'Afrique; depuis on a découvert le continent américain et l'Océanie ou Océanique, qui se compose de la Nouvelle-Hollande, des îles du Grand-Océan, et de celles situées au sud de l'Asie.

On appelle *île* une partie de terre qui est entourée d'eau; lorsque plusieurs îles se trouvent groupées, cette réunion se nomme *archipel*.

Les endroits peu profonds qui se trouvent au milieu des mers se nomment *bancs de sable* ou *bas-fonds;* on nomme *écueils* les rochers à fleur d'eau que rien ne peut faire reconnaître, et *brisans* ceux qui sont situés près des côtes et sur lesquels les flots de la mer se brisent avec fracas.

On appelle *cap* une portion de terre qui s'avance dans la mer; si cette portion de terre est basse, on lui donne le nom de *pointe;* si elle est fort élevée, on la nomme *promontoire*.

Une *presqu'île* est une étendue de terrain entourée d'eau qui se rattache au continent par une langue de terre; on donne aussi à cette étendue le nom de *péninsule;* la langue de terre qui réunit la péninsule ou presqu'île au continent se nomme *isthme*.

On donne le nom de *méditerranée* à une certaine étendue de mer qui se trouve dans l'intérieur d'un continent où elle arrive par un bras de mer, que l'on nomme *détroit* quand il est considérable, et *passe* quand il est peu large. Lorsque cette méditerranée ou mer intérieure est de peu d'étendue, on l'appelle *golfe:* ainsi un *golfe* est une petite *mer méditerranée;* une *baie* est un petit golfe; une *rade* est une petite baie; une *anse* est une petite *rade* qui, en diminuant encore, devient un *port* ou un *havre*.

Une quantité d'eau qui ne vient pas de la mer, n'a point de courant et ne se dessèche jamais, se nomme *lac*.

Une rivière navigable, qui, après avoir parcouru une certaine étendue de pays, vient se jeter dans la mer, se nomme *fleuve*.

Un *étang* est un petit lac factice que l'on dessèche et que l'on remplit à volonté,

Un *marais* est une étendue de terre couverte d'eau pendant une partie de l'année, et que les rayons du soleil dessèchent pendant l'été.

Le monde connu jusqu'à nos jours se divise en cinq parties, qui sont l'*Europe*, l'*Asie*, l'*Afrique*, l'*Amérique*, et l'*Océanie* ou *Océanique*.

CHAPITRE IV.

DE L'EUROPE.

L'Europe est la plus petite des cinq parties du monde; son étendue est d'environ 900 lieues, du nord au sud, et 1,400 lieues du nord-ouest au sud-ouest, étendue qui est à peu près la quinzième partie de la terre habitable; mais si cette partie du monde est la moins grande, elle est la plus peuplée de toutes, puisqu'elle contient plus de 200,000,000 d'habitants, ce qui est le quart de la population du globe entier.

L'Europe est bornée au nord par la mer Glaciale; au midi, par la Méditerranée; à l'est, par la mer Noire, et à l'ouest, par l'Océan Atlantique.

Cette partie du monde est surtout remarquable par le grand nombre de mers intérieures, de fleuves et de rivières qui l'arrosent, et qui ont si puissamment contribué à sa civilisation et à l'étendue et l'importance de son commerce.

Les principales chaînes de montagnes de l'Europe sont, au nord, celles des monts Kœlen, Dovrefjeld et Langefgeld; au nord-est, les monts Ourals; au sud, les Karpaths, les Balkans et les monts Mezzovo; au sud-ouest, le Ricsengebirge, l'Eerzgebirge, les monts Bœmerwald, le Schwartzwald, les Alpes, les Apennins, les Vosges, le Jura, les Cévennes, les Pyrénées, et les chaînes de la péninsule hispanique.

L'Europe offre dans sa circonférence cinq presqu'îles considérables, qui sont le Jütland; la péninsule hispanique, qui renferme l'Espagne et le Portugal; l'Italie; la Morée et la Crimée.

Ses principaux caps sont : les caps Nord, Naze, La Hogue, Finistère, Roca, Saint-Vincent, Creuz, Gata et Matapan.

L'Europe, indépendamment de sa partie continentale, comprend un grand nombre d'îles : les principales sont, dans l'Océan Glacial arctique, la Nouvelle-Zemble; dans l'Océan Atlantique, l'Islande, les Hébrides, les Orcades, l'Irlande, l'Angleterre; dans la mer du Nord, les îles de Sjœlland, de Fyen, Laaland, Falster, Moen, Langeland, Femern; dans le golfe de Bothnie, les îles d'Aland; dans la Baltique, les îles de Dago, Oesel, Gœthland, Bornholm, Rugen; dans la Méditerranée, la Sicile, la Sardaigne, la Corse, Chypre, les Baléares; dans la mer Ionienne, les îles Ioniennes; et dans l'Archipel grec, Thasso, Naxie, Amorgo, Cerigo, Skiro, Ymbro, Samotraki, Andro, Milo, Zea, Santorin, Kos, Tine et Paros.

L'Europe offre encore deux isthmes, ceux de Corinthe et de Pérékop; quatorze golfes, qui sont ceux de Kandalsk, d'Onéga, de la Dvina, de Bothnie, de Finlande, de Livonie, du Kattegatel, du Zuiderzée, de Gascogne, de Lyon, de Tarente, de Patras, de Lépante et de Salonique; onze principaux détroits, savoir : celui du Sund, du grand et du petit Belt, le Skagger-Rak, le Pas-de-Calais, le canal de Saint-Georges, le détroit de Gibraltar, ceux de Bonifacio, des Dardanelles, de Kafa et le phare de Messine; trois grands volcans, le Vésuve en Italie, l'Etna en Sicile, et l'Hécla en Islande; six principaux fleuves, qui sont : le Volga, le Don, le Dniéper, le Rhône, le Danube et le Rhin; et huit grands lacs, savoir : le Ladoga, l'Onéga, le Wéter, le Melo, le Léman, le lac de Constance, le lac Majeur, et le lac de Côme.

Le sol de l'Europe ne présente nulle part cette végétation vigoureuse et brillante des contrées équinoxiales; mais il produit tout ce qui est nécessaire à la subsistance et au bien-être de l'homme; ses productions embrassent les trois règnes. On y recueille toutes les céréales, du maïs, des pommes de terre, du lin, du houblon, toutes les espèces de légumes et de fruits de la zone tempérée, du vin, du tabac, du safran, de la garance, du riz, etc. Sa zoologie comprend le bœuf, le cheval, l'âne, le mouton, la chèvre, le chien, le chat, et plusieurs autres animaux domestiques, que l'on trouve dans toutes les contrées de cette partie du monde; le chameau, que l'on ne trouve communément que dans la partie du sud est; le renne, qui est particulier aux régions septentrionales; le sanglier, l'ours, le loup, le lynx, le renard, le cerf, le chevreuil, le daim, le lièvre, le lapin, le blaireau, le putois, l'écureuil, la loutre, le castor, le chat sauvage, le buffle, le bouquetin, l'aigle, le vautour, le faucon, le cygne, la cigogne, le paon, etc. On y trouve aussi un grand nombre de reptiles et d'insectes, mais en général ils sont moins venimeux que dans les quatre autres parties du monde. La minéralogie de l'Europe est aussi fort importante : les mines de cuivre y sont nombreuses et très productives; il y existe aussi des mines d'or, d'argent, de fer, de plomb, d'étain, de mercure, de sel gemme, de houille; des carrières de marbre, d'albâtre et de toutes sortes de pierres.

Le développement de l'industrie manufacturière est prodigieux en Europe : on y fabrique depuis les objets de première nécessité jusqu'à ceux du luxe le plus recherché; son commerce a pour objet les productions des deux mondes; les sciences et les lettres y fleurissent avec un éclat qui n'a jamais été surpassé, à quelque époque ni dans quelque partie du monde que ce soit.

Division de l'Europe.

L'Europe peut se diviser en neuf parties principales, savoir : la France, avec la Hollande, la Belgique, la Suisse et la Savoie; l'Espagne avec le Portugal; l'Italie; l'Allemagne, avec la Bohême et la Hongrie; l'Angleterre, avec l'Ecosse et l'Irlande; la Pologne; la Suède, avec le Danemarck et la Norvége; la Russie; la Turquie d'Europe, avec la Grèce.

DE LA FRANCE.

La France est située dans la zone tempérée de l'hémisphère septentrional, entre le 6ᵉ degré est, et le 7ᵉ degré ouest du méridien de Paris; et entre les 42ᵉ et 51ᵉ degrés de latitude septentrionale; son étendue est de 220 lieues dans sa plus grande longueur, et de 218 dans sa plus grande largeur. Ce royaume, qui est sans contredit l'un des plus puissants États de l'Europe, est borné au nord par la Manche; au nord-est, par les Pays-Bas et les États prussiens; à l'est, par les Alpes, le mont Jura et le Rhin; au sud, par la mer Méditerranée et par les Pyrénées; et à l'ouest, par l'Océan. Sa population est d'environ 33,000,000 d'habitants.

Le sol de la France est très varié; on peut le diviser en sept espèces différentes : *terres grasses, pierreuses, sablonneuses, à bruyères, à craie, à gravier, et de montagnes.* La France n'a que des collines à l'ouest et au nord; l'intérieur même est peu élevé; mais à l'est et au sud, elle est traversée par diverses chaînes de montagnes. Les Alpes, qui terminent la France à l'orient, projettent quelques branches assez élevées sur les départements des Hautes et Basses-Pyrénées; une branche moins haute, qui part de Genève, s'étend dans les départemens du Jura, de la Haute-Saône, du Doubs, du Haut-Rhin, des Vosges, du Bas-Rhin, de la Meurthe, de la Moselle; une autre branche, partant du département de la Drôme, traverse ceux de l'Ardèche, de la Loire, du Rhône, de Saône-et-Loire et de la Côte-d'Or; elle s'avance encore d'un autre côté dans les départements du Cantal, Puy-de-Dôme, Haute-Loire, Lozère, Gard, Hérault, Aude, Tarn, Haute-Garonne, Arriège, et se réunit aux Pyrénées.

On peut diviser la France en cinq grands bassins, dans lesquels coulent autant de fleuves qui reçoivent toutes les eaux de la France, à l'exception des petites rivières qui se rendent directement à la mer, ou qui vont grossir des fleuves qui coulent hors du territoire français. Ce sont les bassins du Rhin, du Rhône, de la Garonne, de la Loire et de la Seine. Le Rhin ne traverse pas la France; seulement il sert de limite à une province importante, à l'Alsace; il se rend par la Hollande dans la mer du Nord. Le Rhône se porte dans la Méditerranée; et les trois autres fleuves se jettent dans l'Océan. Le Rhône et le Rhin descendent des Alpes; la Garonne, des Pyrénées; les deux autres viennent des plateaux de l'intérieur de la France.

Quatre-vingts canaux de navigation formant sept lignes de jonction des deux mers, de 926 lieues d'étendue, et cent neuf rivières navigables, d'une longueur de 1,935 lieues, coupent la France dans toutes les directions. Il faut ajouter à ces moyens de communication deux cent cinquante rivières et canaux flottables, de 1,877 lieues de développement; et quarante canaux projetés, qui compléteront le système de navigation intérieure. La France est desservie par vingt-huit routes royales de première classe, quatre-vingt-dix-sept de seconde classe, et une multitude de routes départementales et chemins vicinaux.

La récolte annuelle du froment, en France, peut se monter à 208,000,000 de quintaux; il s'en consomme environ 150 à 160,000,000. On y récolte en grande abondance, outre toutes les céréales, lin, chanvre, tabac, graines oléagineuses, plantes territoriales, houblon, pommes de terre, pois, fèves, haricots, lentilles, choux, navets, raves, betteraves, etc., une immense quantité de plantes des quatre parties du monde, que la nature semblait lui avoir refusées, telles que l'asperge et le melon d'Asie, le chou-fleur d'Orient, l'angélique de la Laponie, etc. On y trouve une grande quantité de prairies naturelles et artificielles. Les 1,977,000 hectares de vignes dont son territoire est planté donnent année commune 61,021,952 hectolitres de vin. On distingue particulièrement les vins de Bourgogne, de Bordeaux, de Champagne, etc., qui sont recherchés dans toutes les parties du monde, tant pour leur variété que pour leur qualité supérieure. La France est, sans contredit, le pays de l'Europe le plus riche en fruits de toute espèce. On y trouve en abondance les pommiers, poiriers, cerisiers, châtaigniers, pruniers, abricotiers, pêchers, etc. Les départements du midi abondent en orangers, olives, cédrats, pistaches, câpres, jujubes, figues, amandes, avelines, etc. La culture du mûrier pour le ver à soie y est très étendue. On évalue la totalité de ses bois à environ 7,072,000 hectares, qui donnent un produit d'à peu près 141,441,000 francs.

Il existe en France environ 1,000,000 de chevaux, 4,682,000 bêtes à cornes, 25,000,000 de brebis, 4,000,000 de porcs, 550,000 mulets et ânes, et 870,000 chèvres. On y engraisse une immense quantité de volaille. L'éducation des abeilles et des vers à soie y est considérable. Le gibier est devenu rare, mais la pêche est abondante en poissons de toute espèce. On trouve dans les Alpes et les Pyrénées des ours, quelques castors sur les bords du Rhône, et beaucoup de loups, renards, cerfs, chevreuils, etc.

On ne connaît en France qu'une mine d'or, celle de Gardette (Isère), et elle est abandonnée à cause de l'insuffisance de ses produits. Il n'y a aussi qu'une mine d'argent, celle d'Allemont (Isère). On n'y connait point de mine d'étain; mais on y trouve en abondance des mines de plomb, cuivre, antimoine, manganèse, fer, charbon de terre, et des carrières de pierres, marbres, albâtre, ardoises, etc. Les salines, marais salants et sources salées, qui sont en très grand nombre en France, produisent le meilleur sel de toute l'Europe, et il s'y en fait le commerce le plus grand de tout le globe. La France est aussi très riche en eaux minérales; on y compte soixante-quatorze sources d'eaux minérales froides, et soixante-deux sources d'eaux thermales.

La France fait de tous ses produits un commerce immense, dont il est tout-à-fait impossible de déterminer la valeur. On peut estimer à 2,230,000,000 tout l'argent qui circule dans le royaume.

Les Romains avaient divisé la Gaule en quatre parties :

1° La Narbonnaise, qui comprenait les provinces méridionales, depuis les Alpes jusqu'à la Garonne : les villes les plus remarquables étaient Narbonne, Nimes, Marseille et Vienne.

2° L'Aquitaine, entre la Loire et l'Océan : villes remarquables, Bordeaux, Bourges.

3° La Lyonnaise ou Celtique occupait le milieu de la Gaule : ses villes étaient Lyon, Autun, Sens, Chartres, Soissons, Lutèce, aujourd'hui Paris.

4° La Belgique, au nord : principales villes, Reims, Trèves.

Enlevée aux Romains par les Francs, la Gaule prit le nom de France, et se trouva, sous la première race de nos rois, tantôt réunie sous un seul prince, tantôt divisée en royaumes de Paris, de Soissons, d'Orléans, de Bourgogne, de Neustrie, aujourd'hui Normandie, et d'Austrasie, c'est-à-dire France orientale. Avant la révolution, elle était composée de trente-sept provinces ou gouvernements, dont voici le tableau :

PROVINCES.	CAPITALES.
1. *Alsace.*	Strasbourg.
2. *Anjou.*	Angers.
3. *Aunis.*	La Rochelle.
4. *Auvergne.*	Clermont-Ferrand.
5. *Berry.*	Bourges.
6. *Boulonnais.*	Boulogne.
7. *Bourbonnais.*	Moulins.
8. *Bourgogne.*	Dijon.
9. *Bretagne.*	Rennes.
10. *Champagne et Brie.*	Troyes.
11. *Dauphiné.*	Grenoble.
12. *Flandre.*	Lille.
13. *Foix.*	Pamiers.
14. *Franche-Comté.*	Besançon.
15. *Gascogne et Guyenne.*	Bordeaux.
16. *Le Havre.*	Le Havre.
17. *Ile de France.*	Soissons.
18. *Languedoc.*	Toulouse.
19. *Limousin.*	Limoges.
20. *Lorraine et Barrois.*	Nancy.
21. *Lyonnais.*	Lyon.
22. *Maine.*	Le Mans.
23. *Marche.*	Guéret.
24. *Metz.*	Metz.
25. *Navarre et Béarn.*	Pau.
26. *Nivernais.*	Nevers.
27. *Normandie.*	Rouen.
28. *Orléanais.*	Orléans.
29. *Paris.*	Paris.
30. *Picardie.*	Amiens.
31. *Poitou.*	Poitiers.
32. *Provence.*	Aix.
33. *Roussillon.*	Perpignan.
34. *Saintonge et Angoumois.*	Saintes et Angoulême.
35. *Saumurois.*	Saumur.
36. *Toul.*	Toul.
37. *Touraine.*	Tours.

Aujourd'hui la France est divisée en quatre-vingt-six départements disposés dans l'ordre suivant :

DÉPARTEMENTS.	PRÉFECTURES.
Nord (du).	Lille.
Pas-de-Calais (du).	Arras.
Somme (de la).	Amiens.
Seine-Inférieure (de la)	Rouen.
Oise (de l')	Beauvais.
Aisne (de l').	Laon.
Ardennes (des).	Mézières.
Meuse (de la)	Bar-le-Duc.

DÉPARTEMENTS.	PRÉFECTURES.
Moselle (de la).	Metz.
Bas-Rhin (du).	Strasbourg.
Meurthe (de la).	Nancy.
Vosges (des).	Epinal.
Haute-Marne (de la).	Chaumont.
Marne (de la).	Châlons.
Seine-et-Marne (de).	Melun.
Seine (de la).	Paris.
Seine-et-Oise (de).	Versailles.
Eure (de l').	Évreux.
Calvados (du).	Caen.
Manche (de la).	Saint-Lô.
Ille-et-Vilaine (d').	Rennes.
Côtes-du-Nord (des).	Saint-Brieuc.
Finistère (du).	Quimper.
Morbihan (du).	Vannes.
Loire-Inférieure (de la).	Nantes.
Maine-et-Loire (de).	Angers.
Indre-et-Loire (d').	Tours.
Mayenne (de la).	Laval.
Orne (de l').	Alençon.
Sarthe (de la).	Le Mans.
Loir-et-Cher (de).	Blois.
Eure-et-Loir (d').	Chartres.
Loiret (du).	Orléans.
Yonne (de l').	Auxerre.
Aube (de l').	Troyes.
Côte-d'Or (de la).	Dijon.
Haute-Saône (de la).	Vesoul.
Haut-Rhin (du).	Colmar.
Doubs (du).	Besançon.
Jura (du).	Lons-le-Saulnier.
Ain (de l').	Bourg.
Saône-et-Loire (de).	Mâcon.
Nièvre (de la).	Nevers.
Cher (du).	Bourges.
Indre (de l').	Châteauroux.
Vienne (de la).	Poitiers.
Deux-Sèvres (des).	Niort.
Vendée (de la).	Bourbon-Vendée.
Charente-Inférieure (de la).	La Rochelle.
Charente (de la).	Angoulême.
Haute-Vienne (de la).	Limoges.
Creuse (de la).	Guéret.
Allier (de l').	Moulins.
Puy-de-Dôme (du).	Clermont-Ferrand.
Loire (de la).	Montbrison.
Rhône (du).	Lyon.
Isère (de l').	Grenoble.
Hautes-Alpes (des).	Gap.
Drôme (de la).	Valence.
Ardèche (de l').	Privas.
Haute-Loire (de la).	Le Puy.
Cantal (du).	Aurillac.
Corrèze (de la).	Tulle.
Dordogne (de la).	Périgueux.
Gironde (de la).	Bordeaux.
Lot-et-Garonne (de).	Agen.
Lot (du).	Cahors.
Tarn-et-Garonne (de).	Montauban.
Tarn (du).	Alby.
Aveyron (de l').	Rodez.
Lozère (de la).	Mende.
Gard (du).	Nîmes.
Vaucluse (de).	Avignon.
Basses-Alpes (des).	Digne.
Var (du).	Draguignan.
Bouches-du-Rhône (des).	Marseille.

DÉPARTEMENTS.	PRÉFECTURES.
Hérault (de l').	Montpellier.
Aude (de l').	Carcassonne.
Pyrénées-Orientales (des).	Perpignan.
Ariége (de l').	Foix.
Haute-Garonne (de la).	Toulouse.
Gers (du).	Auch.
Landes (des).	Mont-de-Marsan.
Basses-Pyrénées (des).	Pau.
Hautes-Pyrénées (des)	Tarbes.
Corse (de la).	Ajaccio.

Coup d'œil sur Paris.

Paris, la vaste métropole de la France, est située dans une vallée, sur les deux rives de la Seine, que l'on y passe sur 20 ponts, dont 6 sont dignes d'attention, et environné de beaux boulevarts, tant à l'extérieur qu'à l'intérieur. On y compte 59 places publiques, 1,094 rues ou subdivisions de rues, 32 passages, 58 impasses, 10 ports, 32 beaux quais, 6 halles, 38 marchés, 42 églises, et environ 29,480 maisons. Ses rues, dont la plupart étaient naguère étroites, tortueuses et sales, changent chaque jour d'aspect. Les anciennes s'élargissent et s'embellissent, et de nouvelles sont percées dans presque tous les quartiers; un très grand nombre d'entre elles sont aussi pourvues de trottoirs. On remarque surtout à Paris les Champs-Elysées, le Champ-de-Mars, le Jardin des plantes, ceux des Tuileries et du Luxembourg; la place de la Concorde, celle Vendôme, ornée d'une belle colonne triomphale; celle des Victoires, où s'élève une statue équestre de Louis XIV; celle du Carrousel, décorée d'un joli arc de triomphe, et celle du Châtelet, d'une colonne en palmier; enfin celle de la place Royale, avec une statue équestre de Louis XIII; les rues de Rivoli, Royale, de la Paix, de la Chaussée-d'Antin, Godot-de-Mauroy, Vivienne, Richelieu, Saint-Louis (au Marais), et beaucoup d'autres. Paris ne le cède qu'à Rome pour le nombre et la beauté de ses édifices et de ses monuments publics, dont les principaux sont : la cathédrale de Notre-Dame, les églises de Saint-Eustache, de Saint-Roch, de Saint-Sulpice, de Saint-Gervais, de la Madeleine, le Panthéon ou Sainte-Geneviève; les palais des Tuileries, du Louvre, du Luxembourg, ou de la chambre des Pairs, Bourbon ou de la chambre des Députés; le Palais-Royal, qui renferme un nombre considérable de riches magasins et de boutiques en tous genres; la Bourse, l'un des plus beaux édifices de l'Europe; l'Élysée-Bourbon, le palais de Justice, celui des Beaux-Arts, l'hôtel des Invalides, l'hôtel des Monnaies, l'Hôtel-de-Ville, ceux de la Banque de France, de la Légion-d'Honneur, du Timbre, du Garde-Meuble et de la Marine; l'école Militaire et celle de Médecine; l'Opéra, le Théâtre-Français, l'Opéra-Comique, l'Odéon; les arcs de triomphe de l'Étoile, du Carrousel, de Saint-Denis et de Saint-Martin; la Halle aux blés, celle aux vins; les abattoirs, etc. Hors de son enceinte, on trouve les cimetières (parmi lesquels on doit citer particulièrement celui du Père Lachaise), et les catacombes, immenses carrières où l'on a déposé, dans le dix-huitième siècle, les ossements provenant des cimetières de l'intérieur. Paris possède de nombreux établissements de bienfaisance, entre autres, l'Hôtel-Dieu, la Pitié, les hôpitaux Saint-Antoine, Saint-Louis, de la Maternité, des Enfants-Trouvés, des

Enfans-Malades, des Orphelins, de la Salpêtrière, etc.; les hospices Necker, Cochin, Beaujon, etc.; une Université célèbre, un Institut royal, un Observatoire, des écoles royales, Polytechnique, des Ponts-et-Chaussées, des Beaux-Arts, des Langues orientales; sept colléges, et une multitude d'institutions particulières; cinq Bibliothèques publiques; des Musées de peinture, de sculpture, d'architecture, d'antiquités; plusieurs Jardins botaniques, un Muséum d'histoire naturelle; un Conservatoire des arts et métiers; des Sociétés scientifiques et littéraires; des manufactures et fabriques de tapisseries, de draps, de tapis, de glaces, de mosaïques, de gazes, de rubans, de porcelaines, de fleurs artificielles, de meubles, de carrosserie, d'armes, d'instrumens de musique, d'optique, de mathématiques et d'astronomie, de bijouterie, d'orfévrerie, d'horlogerie; des fonderies typographiques, des imprimeries, des librairies, etc., etc.

Iles dépendantes de la France.

A l'exception de quelques-unes, les îles disséminées sur les côtes de France sont d'une petite importance; ce sont: Ouessant (Finistère), avec 2,000 habitants; Groais (Morbihan), avec 2,300; Belle-Ile-en-Mer (*ibid.*), avec 8,235; Noirmoutier (Vendée), avec 7,000; Ile-Dieu (*ibid.*), avec 2,160; Ile-de-Ré (Charente-Inférieure), avec 8,200; Oléron (*ibid.*), avec 10,220; Aix (*ibid.*), avec 215; et enfin les îles d'Hières (Var), avec 1,000.

Colonies de la France.

En Asie, la France a pour colonies une très petite partie de l'Indoustan, où sont les villes de Pondichéri, Karikal, Mahé, Gandjam, Chandernagor; population de ce pays, environ 180,000 habitants. *En Arabie*, deux comptoirs ou factoreries, à Mascate et à Moka. *En Afrique*, la France possède sur la côte de Barbarie, depuis 1830, Alger, qui doit devenir entre nos mains une colonie importante; Bone, Oran, etc. Dans le *Sénégal*, les arrondissements de Saint-Louis et de Gorée. Dans la *mer des Indes*, les îles Bourbon et Sainte-Marie; dans Madagascar même, le fort Dauphin. Dans l'*Amérique septentrionale*, 1° Saint-Pierre et Miquelon, petites îles; 2° les deux tiers de l'île Saint-Martin; 3° la Guadeloupe, divisée en deux parties, la Grande-Terre et la Basse-Terre; 4° la Désidérade; 5° l'île de Marie-Galande; 6° l'importante île de la Martinique. Dans l'*Amérique méridionale*, la Guyane française, dont les côtes seules sont connues, et dont Cayenne est le chef-lieu et le siége d'une cour royale.

Caractère physique et moral des Français.

Les Français sont en général d'une taille moyenne, mais droits et bien faits; ils ont la physionomie expressive, la démarche aisée, et une certaine fierté militaire qui est commune à toutes les classes. Au moral, ils sont vifs, spirituels, intelligents, tour à tour sérieux, gais et légers, suivant les circonstances; braves, entreprenants, bienveillants, communicatifs, éminemment sociables, sobres, laborieux, et doués de beaucoup d'aptitude pour les sciences, les lettres et les arts. Toutefois on leur reproche d'être changeants, parfois inconséquents, faciles à se rebuter, et d'aimer l'éclat et le plaisir.

DE LA HOLLANDE.

La Hollande est un petit royaume composé de sept provinces, qui sont : la Hollande, la province d'Utrecht, la Zélande, la Gueldre, l'Over-Yssel, la Frise, et la province de Groningue. La population de la Hollande ne s'élève pas au-delà de 2,000,000 d'habitants. La Hollande est un pays plat, coupé par les différentes branches du Rhin, dont il y a quatre principales : deux se rendent à la mer; une se perd dans les sables; l'autre, l'Yssel, se jette dans le Zuyderzée. Il est coupé aussi par une immense quantité de canaux : une partie de ce pays a été conquise sur la mer, et est défendue contre ses irruptions par de fortes digues. Sa richesse consiste principalement dans le commerce.

Caractère physique et moral des Hollandais.

Les mœurs des Hollandais ressemblent beaucoup à celles des Allemands en général; ils sont peu communicatifs, très tolérants et fort attachés aux anciens usages. La propreté des Hollandais fait proverbe depuis long-temps; elle est véritablement excessive, et tellement minutieuse, que cela va jusqu'au ridicule : ainsi, par un froid de dix degrés, on voit les servantes, les bras nus jusqu'aux épaules, laver la façade des maisons, frotter avec du sable les loquets des portes, les barreaux, serrures, etc. Il y a telles pièces dans les habitations des personnages riches où il n'est permis à qui que ce soit de pénétrer sans se déchausser à la porte. Cela va jusqu'à la folie; mais cette folie est bien innocente, et peut-être même est-elle fort utile pour diminuer l'insalubrité du climat.

DE LA BELGIQUE.

Le royaume de Belgique se divise en plusieurs provinces, dont les principales sont : le Brabant, le Hainaut, la Flandre; Bruxelles est la capitale de ce royaume, et ses principales villes sont, Gand, Anvers, Mons, Malines, Louvain et Namur.

Caractère et mœurs des Belges.

Les mœurs et le caractère des Belges participent de ceux des Allemands, qui ont été long-temps leurs maîtres, des Espagnols, auxquels ils ont été soumis pendant des siècles; des Français, auxquels ils ont été associés pendant vingt ans; et des Hollandais, dont ils ont, en dernier lieu, subi la domination. Ainsi les Belges sont braves comme les Français, intolérants comme les Espagnols, réservés comme les Allemands et tristes comme les Hollandais.

DE LA SUISSE.

La Suisse est située entre les 45e degré 50 minutes et 47e degré 48 minutes de latitude nord, et les 3e degré 4 minutes et 7e degré 36 minutes de longitude est. Elle est bornée au nord par le grand-duché de Bade et le Tyrol; à l'est, par le Tyrol et le royaume Lombardo-Vénitien; au sud, par ce dernier et les États sardes; à l'ouest et au nord-ouest, par la France. La Suisse forme une république fédérale composée de vingt-deux cantons, qui sont : Zurich, Berne, Lucerne, Ury, Schwitz, Underwald, Glaris, Zug, Fribourg, Soleure, Bâle, Schaffhausen, Appenzel, Saint-Gall, Grisons, Argovie, Thurgovie, Tessin, Vaud, Valais, Neuchâtel et Genève. Chaque canton est souverain et indépendant, et a sa propre constitution. Les affaires générales de la confédération sont dirigées par une diète composée des députés des vingt-deux cantons, lesquels ont chacun une voix. Elle déclare la guerre, fait la paix, les alliances avec les puissances étrangères et les traités de commerce; règle l'organisation des troupes, détermine le contingent de chaque canton, etc. Lorsque la diète n'est pas réunie, la direction des affaires est confiée à un directoire général, qui alterne de deux en deux ans entre les cantons de Zurich, de Berne et de Lucerne. La diète se rassemble dans le chef-lieu du canton directeur, tous les ans, le premier lundi de juillet. Elle est présidée par le bourguemestre ou l'avoyer en charge du canton directeur. L'armée fédérale se compose de 33,578 hommes fournis par chaque canton, suivant sa population. Les contingents en argent, pour les frais de guerre et autres, s'élèvent à 540,107 francs.

Mœurs et caractère des Suisses.

Les Suisses sont robustes, braves, industrieux, et de mœurs simples; ils ont été de tout temps renommés pour leur bonne foi, leur hospitalité, leur amour de la patrie. Malheureusement le grand nombre d'étrangers qui fréquentent aujourd'hui leurs montagnes, joint à quelques autres causes, paraît avoir sensiblement altéré ces belles qualités dans quelques cantons.

DE L'ALLEMAGNE.

La Germanie, habitée autrefois par un grand nombre de peuples, ayant été conquise par les Allemands, prit le nom d'Allemagne et le titre d'*empire*. Elle fut, dans les derniers siècles, divisée en neuf cercles ou provinces qui renfermaient chacune plusieurs États souverains, ou villes libres impériales, tous confédérés pour la défense commune, sous la protection du chef de l'empire. Ses principaux états sont maintenant :

Le royaume de Saxe, capitale, Dresde;
Le royaume de Bavière, capitale, Munich;
Le royaume de Wurtemberg, capitale Stuttgard;
Le pays d'Hanovre, capitale Hanovre;
Le royaume de Prusse, capitale Berlin;
L'empire d'Autriche, capitale Vienne.

L'Allemagne compte environ 32,000,000 d'âmes ainsi réparties : 10,000,000 pour la Prusse; 9,500,000 pour l'Autriche, et 12,000,000 pour les autres États.

Caractère physique et moral des Allemands.

Les Allemands sont en général de haute stature; ils ont les cheveux blonds, peu de barbe, et sont d'une santé robuste; ils sont braves, constants dans leurs affections, infatigables dans le travail, imperturbables dans le malheur, et capables d'un très grand enthousiasme.

DE LA BOHÊME.

La Bohême, séparée en deux par la rivière de la Moldaa,

est bornée au nord par la Misnie et la Lusace; à l'est, par la Silésie et la Moravie; au sud, par l'Autriche, et à l'ouest, par la Bavière. Les principales rivières de ce pays sont la Morawa et l'Elbe.

Caractère moral et physique des Bohémiens.

Les Bohémiens sont forts, robustes, courageux, actifs et sincères; l'empire d'Autriche n'a pas de meilleurs soldats que ces hommes, qui supportent sans se plaindre les plus grandes fatigues et les plus dures privations; ils sont d'un caractère gai et semblent nés pour la liberté.

DE LA HONGRIE.

La Hongrie, autrefois Pannonie, se divise en Haute et Basse-Hongrie; la Haute est située entre la Pologne et le Danube; la Basse est entre le Danube et la Save. La capitale de ce royaume est Presbourg, sur le Danube.

Caractère et mœurs des Hongrois.

Les Hongrois sont grands et bien faits. C'est un peuple courageux et martial, très jaloux de ses droits et impatient de tout contrôle : toutefois l'état de la société est fort différent en Hongrie de ce qu'il est chez les nations de l'occident de l'Europe. Les Valaques, qui habitent les frontières de l'empire du côté de la Turquie, et sont répandus dans la Hongrie, la Transylvanie et la Bukovine, sont d'une petite taille, mais forts et robustes. La vie pénible à laquelle ils sont habitués dès leur enfance les met à même de supporter avec indifférence tous les genres de privations et de fatigues. Une fois pourvus du strict nécessaire, ce qu'ils obtiennent facilement, ils n'en demandent pas davantage, et se livrent à leur indolence naturelle, qui leur fait préférer l'éducation du bétail à l'agriculture ou à tout autre genre d'occupation. Ils sont, au reste, très enclins à boire et à se quereller, et passent pour fins et adroits.

DE LA POLOGNE.

La Pologne consiste en une immense plaine entrecoupée d'un grand nombre de marais, de forêts et de pâturages. Dans la partie sud-ouest s'élèvent toutefois plusieurs chaînes de collines qui sont des ramifications des Karpaths; leur point culminant est la montagne de Lysa, située à l'est de Kielce, et dont la hauteur absolue est d'environ 2,000 pieds. La Pologne est arrosée par la Vistule, la Warta, le Bug, la Narew, le Niémen, la Pilica, la Wieprz, la Wkra, la Bzura, la Szeszuppe, le Bobr, la Prosna, l'Orsik, l'Omulew, et beaucoup d'autres rivières moins considérables.

La Pologne formait une partie de l'ancienne Sarmatie. Peu d'États ont éprouvé autant de vicissitudes qu'elle. Long-temps conquérante, elle était à une époque l'un des royaumes les plus puissants de l'Europe. Au onzième siècle, elle s'étendait depuis l'Oder jusqu'au Dniéper, et renfermait dans ses vastes limites la Russie-Rouge, la Moravie, la Bohême et la Prusse. Mais, devenue la proie des dissensions intestines nées du vice de ses institutions politiques, elle perdit d'abord quelques-unes de ses plus

DE L'ESPAGNE.

L'Espagne, dont l'étendue est d'environ 230 lieues dans sa plus grande longueur, et de 195 dans sa plus grande largeur, est bornée au nord par les Pyrénées et le golfe de Gascogne; au sud-est et à l'est, par le détroit de Gibraltar et la Méditerranée; et à l'ouest, par le Portugal et l'Océan Atlantique. Sa population s'élève à près de 14,000,000 d'habitans.

L'Espagne est un des pays les plus montagneux de l'Europe : les principales chaînes de montagnes, qui la traversent en tous sens, sont les Pyrénées, les monts Cantabres et Ibériques, la chaîne de Guadarama, la Sierra de Guadalupe, la Sierra-Morena et la Sierra-Nevada. Le climat de l'Espagne, quoique très varié en raison des nombreux accidents de terrain, est, en général, sec et vif; l'hiver, qui n'est jamais rigoureux, n'y dure que deux mois. Le sol y est, en général, très fertile : il produit des vins exquis et des céréales de toute espèce; mais l'agriculture y est si peu avancée, que ce pays, surnommé autrefois *le grenier du peuple romain*, ne produit pas aujourd'hui une quantité suffisante de grains pour la consommation de ses habitants.

L'Espagne, considérée politiquement, est divisée en 32 provinces; sous le rapport militaire, en 13 gouvernements; et sous le rapport ecclésiastique, en 13 archevêchés et 51 évêchés.

La capitale de ce royaume est Madrid, qui s'élève sur la rive gauche du Mançanarez : c'est une belle ville, en général bien percée, et entourée de boulevarts plantés sur presque tout son pourtour; sa population est d'environ 170,000 âmes.

L'Espagne ne possède d'autres îles en Europe que l'archipel des Baléares, situé dans la Méditerranée, et qui se compose de celles de Majorque, Minorque, Iviça et Formentera, et des îlots de Cabrera, d'Espartel et d'Espalmador.

Caractère physique et moral des Espagnols.

Les Espagnols ont la peau très brune et les cheveux noirs; ils sont de moyenne taille et peu robustes; ils sont d'un naturel grave et froid, mais fiers et vindicatifs. Leur sobriété, qui fait proverbe, a souvent pour cause leur extrême paresse. Les Espagnols qui ont reçu une éducation distinguée sont magnifiques, et tout en eux respire la grandeur et le sentiment de la supériorité.

DE L'ITALIE.

L'Italie est bornée au nord par la Suisse et l'Autriche; au nord-est, par la mer Adriatique et l'Autriche; au sud-est, par la Méditerranée; au sud-ouest, par la mer Tyrhénienne; et à l'ouest, par la France. Sa plus grande longueur est de 260 lieues, et sa plus grande largeur, de 120. Sa population est d'environ 20,500,000 habitans.

L'Italie présente la surface la plus agréablement diversifiée que l'on puisse voir : partout des montagnes, des collines, des vallées, des rivières, des lacs. Le climat de l'Italie a toujours été célèbre pour sa pureté, sa sérénité et sa douceur, la beauté et la transparence de son atmosphère. On recueille en Italie toutes les espèces de céréales, du riz, du millet, du maïs, du chanvre, du coton, du tabac, des vins excellents, des olives, des figues, des oranges, des citrons, etc.

L'Italie est divisée en plusieurs États, qui sont : le royaume des États sardes, le royaume Lombardo-Vénitien, le royaume des Deux-Siciles, l'État Ecclésiastique, le grand-duché de Toscane, les duchés de Parme, de Modène, de Massa-et-Carrara, de Lucques, et la république de Saint-Marin.

L'Italie renferme un grand nombre de villes superbes, telles que Turin, Gênes, Milan, Venise, Rome, Naples, Florence, etc., etc.

Un proverbe italien dit : *Les hommes ont bâti Rome, mais ce sont des dieux qui ont bâti Venise.* En effet, cette ville ressemble à un immense navire flottant au sein des ondes.

Caractère physique et moral des Italiens.

En Italie, les paysans sont, en *général*, de beaux hommes, ceux de Toscane surtout; mais les citadins sont plus efféminés qu'en aucun autre pays. Les Italiens se croient les premiers hommes du monde et les très dignes descendants de ces Romains qui furent les maîtres du monde. Ils ont beaucoup d'esprit naturel, une grande aptitude aux affaires, et un sentiment inné des beaux-arts.

Les femmes, en Italie, ont un très beau teint, quoique un peu brun; elles sont, pour la plupart, sans instruction, mais pleines de talents et d'esprit naturel.

Les Italiens sont vindicatifs comme les Espagnols, mais beaucoup moins réservés, et beaucoup plus violents.

DE LA TURQUIE D'EUROPE.

La Turquie d'Europe est bornée au nord par l'empire d'Autriche et la Russie; à l'est, par la mer Noire; au sud, par la mer de Marmara et la Grèce; et à l'ouest, par l'Adriatique et la mer Ionienne. Sa longueur est de 230 lieues, et sa largeur de 130; on évalue sa population à 11,000,000 d'habitants.

Le sol de la Turquie d'Europe, quoique très montagneux, est, en général, riche et fertile : ses productions consistent en toutes sortes de grains; il produit aussi tous les fruits de l'Italie, dont le climat est à peu près le même. Le gibier est très abondant dans ce pays, et les animaux domestiques y sont nombreux et de belle race; il y existe aussi de riches mines d'or, d'argent, de cuivre, etc., et des carrières de marbre.

Constantinople (appelée *Stamboul* ou *Istemboul* par les Turcs), la capitale de l'empire Ottoman, est située dans une position admirable sur le détroit du même nom. Elle se compose de deux parties distinctes : Constantinople proprement dite, et les faubourgs de Galata, Péra et Cassim-Pacha, qui en sont séparés par un bras du canal formant le port. Elle a environ 4 lieues de circuit. Bâtie sur sept collines, et dominée par une multitude d'édifices surmontés de dômes de toutes les dimensions, et de mosquées au-dessus desquelles s'élèvent leurs élégants minarets, son aspect, au loin, est superbe; mais cette première impression cesse en y entrant, à la vue de ses du monde, puisque, en y comprenant la partie de la Pologne qu'elle possède, la Sibérie et la Russie américaine, il n'a pas moins de 2,680 lieues de long et 550 de largeur moyenne. La Russie est bornée au nord par l'Océan Glacial arctique et la mer Blanche; à l'est, par la Sibérie et le pays de Kasaks; au sud-est, par la mer Caspienne; au sud, par le pays de Kasaks, la Perse et la mer Noire; au sud-ouest, par la Turquie; et à l'ouest, par la Galicie, la Pologne, la Prusse, la mer Baltique, le golfe de Bothnie et la Suède.

On conçoit que la température doit être très variée dans une aussi grande étendue de territoire; mais, en général, le climat est très froid. Ainsi, à Saint-Pétersbourg, le terme moyen de la température en hiver est de 30 degrés au-dessous de zéro, c'est-à-dire qu'il y fait cinq fois plus froid qu'à Paris, où le thermomètre ne descend que rarement au-dessous de 6 degrés. L'hiver y dure environ les deux tiers de l'année, et l'on ne peut compter que sur soixante beaux jours.

Malgré la rigueur du froid, on récolte en Russie toutes les espèces de céréales, de légumes et de fruits communs aux autres parties de l'Europe septentrionale. On y récolte aussi du chanvre, du lin, du tabac, du houblon et de la rhubarbe. Entre autres productions qui sont particulières à la Russie, on remarque le *lédianka*, ou *froment de glace*, que l'on nomme ainsi parce que le froid le plus excessif ne peut lui nuire; les pommes de *kirersk*, qui pèsent jusqu'à quatre livres, et celles de *nalivnie*, qui sont transparentes.

La Russie renferme d'immenses forêts, qui sont peuplées d'une quantité innombrable d'animaux, principalement de ceux dont on retire les plus belles fourrures : les ours et les loups y sont si nombreux, qu'ils entrent souvent dans les maisons et font des ravages terribles.

Les mines de la Russie sont nombreuses et riches : il y en a d'or, d'argent, de diamants, de cuivre, de plomb, etc.; le marbre, l'albâtre et le cristal de roche s'y trouvent aussi en assez grande quantité.

La population de ce vaste empire s'élève à environ 53,000,000 d'habitants, qui se divisent en plusieurs races.

Saint-Pétersbourg, l'une des plus belles villes du monde, est la capitale de la Russie; sa population est d'environ 400,000 âmes, y compris une garnison de 45,000 hommes.

Caractère physique et moral des Russes.

Les Russes sont forts et vigoureux, bien que leur taille soit peu élevée; ils sont hospitaliers, actifs, courageux et très soumis; mais, d'un autre côté, on les accuse d'être enclins au vol, par suite de leur excessif amour du gain. La population entière est divisée en plusieurs classes, savoir : la *noblesse*, qui est affranchie de tout impôt personnel, et qui n'est passible d'aucune peine corporelle; le *clergé*, qui jouit des mêmes prérogatives; les *citoyens notables*, qui forment la haute bourgeoisie; les marchands appelés des *trois gueldes*; les *marchands étrangers*; les *artisans des tribus*, qui composent la bourgeoisie du second ordre, et les *paysans attachés à la glèbe*, qui appartiennent en toute propriété à leurs seigneurs, lesquels, cependant, n'ont plus sur eux le droit de vie et de mort.

La Laponie se divise en trois parties, dont l'une appartient à la Suède. Les Lapons sont très petits; leur taille ne dépasse presque jamais quatre pieds. La vie errante que mènent les Lapons n'exige pas qu'ils bâtissent des maisons bien solides; les plus belles sont en bois, couvertes d'os de baleines, car les provinces principales de la Laponie situées au nord, sur les mers de l'Océan septentrional, font un grand commerce de poisson. Les plus belles villes de la Laponie, telles que *Uma*, *Péthéa* et *Luhla*, ne valent pas les plus chétifs villages de la France.

C'est en Laponie que l'on chasse l'hermine, dont la fourrure est si belle et sert de distinction aux dignitaires.

Les Lapons, quoique vivant dans un état qui tient de la vie sauvage, puisqu'ils ne sauraient souvent dire leur âge ni reconnaître leur mère, ne laissent pas de regarder en pitié les travaux des peuples civilisés, qui, disent-ils, se donnent tant de peine pour une vie si courte.

Dans ces contrées, voisines du pôle, il y a trois mois de nuit complète, en hiver; mais la lune et l'éclat de la neige produisent assez de lumière pour éclairer les travaux de la pêche et de la chasse, qui sont les principales occupations des Lapons. Le froid est extrême en Laponie, et il arrive souvent que l'esprit-de-vin y gèle dans les thermomètres.

DU PORTUGAL.

Le Portugal, que l'on appelait autrefois *Lusitanie*, est borné au nord et à l'est par l'Espagne; au sud et à l'ouest, par l'Océan Atlantique. Sa plus grande longueur est de 148 lieues, et sa largeur moyenne, d'environ 43; sa population s'élève à 4,000,000 d'âmes.

Le Portugal est un pays montagneux et peu fertile, excepté en vins. Ses principaux fleuves sont le Tage et le Douro. Ce royaume est divisé en sept provinces, qui sont ; la province d'Entre-Douro-e-Minho, la province de Porto ou Opporto, celles de Tra-los-Montes, de Beira, d'Estramadure, d'Alentejo, et du pays d'Algarve.

La capitale de ce royaume est Lisbonne, belle ville située sur la rive droite du Tage. Elle s'élève en amphithéâtre sur plusieurs collines, et offre un aspect à la fois imposant et pittoresque; sa population est d'environ 260,000 habitans. En 1755, sous le règne de Jean III, la ville de Lisbonne fut presque entièrement détruite par un tremblement de terre; il y périt plus de 40,000 personnes; des fragments énormes de monuments, des colonnes entières, furent lancés, par la force des explosions, à des distances incroyables. Le marquis de Pombal, célèbre ministre, fit rebâtir la ville sur un plan nouveau, et c'est à ce ministre que Lisbonne doit d'être du petit nombre des villes qui méritent d'être décrites.

Caractère physique et moral des Portugais.

Les Portugais ont le teint très brun, les yeux et les cheveux noirs; en général, ils sont de petite taille, gros et trapus; ils passent pour les plus grands parleurs du monde, ce qui ne les empêche pas d'être naturellement graves et dissimulés; ils sont d'ailleurs très braves et fort adroits aux exercices du corps.

mais dans la partie moderne, elles sont droites, larges, et d'une architecture élégante. Parmi ses places publiques, dont plusieurs sont fort belles, on remarque surtout celle de Saint-Stephen's-Green, l'une des plus spacieuses de l'Europe. Peu de villes de la même étendue renferment un plus grand nombre de beaux édifices publics.

Les principales rivières de l'Irlande sont le Shannon, le Barrow, le Blackwater, la Boyne et la Baune.

Caractère physique et moral des habitants des Iles Britanniques.

Les Anglais sont en général d'une taille ordinaire, mais ils sont forts et robustes; ils sont intelligents, actifs, braves et obligeants; mais ils sont en même temps flegmatiques, inconstants et égoïstes.

La population de l'Écosse se compose de deux races distinctes: les habitants des plaines et ceux des montagnes, qui diffèrent de mœurs, de caractère et de langage, mais qui, les uns et les autres, sont robustes et bien conformés. Ils sont sobres, industrieux, économes, intelligents, humains et braves. Les habitants des montagnes ont, de plus que ceux des plaines, un certain esprit d'indépendance et de fierté qui se manifeste dans les moindres circonstances.

Les Irlandais sont, la plupart, grands, robustes et bien faits, actifs, bons, hospitaliers, braves, intelligents, spirituels, éloquents, gais et affectueux; mais on les accuse d'être vains, prodigues, curieux, susceptibles, irascibles, emportés, et impétueux dans leurs ressentiments. Les mœurs, usages et coutumes des classes aisées sont à peu près analogues en tout à ceux des mêmes classes en Angleterre; mais le paysan, à la fois ignorant et nécessiteux, cherche trop souvent à oublier dans l'ivresse le dénûment où il est réduit.

DU DANEMARCK.

Le Danemarck est l'une des grandes presqu'îles de l'Europe que l'on appelle *Jutland*. Cette presqu'île, qui est l'ancienne *Chersonèse cimbrique*, se divise en Nord-Jutland et Sud-Jutland. Copenhague, belle et forte ville, et capitale du Danemarck, est située dans l'île de Sélande, à l'entrée de la mer Baltique. Le sol du Danemarck est fertile, bien que son climat soit froid et nébuleux. La population s'élève à 2,000,000 d'habitants.

Caractère physique et moral des Danois.

En général, les Danois sont grands et forts, leurs traits sont réguliers, et presque tous ont les cheveux blonds; ils sont hospitaliers, braves et polis. La nation est divisée en cinq classes : les deux premières se composent de la noblesse et des personnes revêtues des principaux emplois civils, militaires et ecclésiastiques; la troisième comprend le bas clergé, les hommes de loi et les étudiants; la quatrième, les commerçants et les citoyens des villes; et la cinquième, les soldats, matelots et cultivateurs.

DE LA SUÈDE.

Le royaume de Suède est borné, au nord, par la Norvége et la Russie; à l'est, par la Russie, le golfe de

Bothnie et la mer Baltique; au sud, par la mer Baltique; et à l'ouest, par le Categat, le Skagger-Rak et la Norvége. Sa plus grande longueur est de 400 lieues et sa largeur de 80; sa population s'élève à près de 3,000,000 d'habitants. Ce royaume, qui produit une grande quantité de bois de construction, est arrosé par un grand nombre de rivières, dont les principales sont: la Gotha, la Mottala, le Kalix, la Tornea, la Vindel, la Pithea, l'Umea, la Skellerstea, la Lulea, l'Augermann, la Ljutna, l'Indal, la Njurunda, le Dal, la Klara et l'Athean.

Stockholm, capitale de la Suède, est située au confluent du lac Mælar et d'un golfe de la Baltique, avec un port sûr et commode. Elle s'élève sur deux péninsules et plusieurs îles qui communiquent entre elles par 14 ponts. L'inégalité du sol fait que ses rues sont plus ou moins escarpées, quoique, au reste, elles soient larges et régulières. Les maisons de la ville proprement dite sont bâties en pierres ou en briques recrépies en plâtre, et celles des faubourgs, en bois. On y remarque particulièrement les promenades publiques, le châteauroyal, l'église de Saint-Nicolas, l'hôtel de la noblesse, l'hôtel-de-ville, la banque, la douane, l'église de Ridderholm, les écuries royales, l'opéra, les bâtiments et les chantiers de l'amirauté.

Indépendamment de la Norvége, qui lui appartient, mais qui forme un royaume à part, la Suède se divise en trois parties, qui sont: la Suède propre, le Nordland et le Gothland; ces trois parties renferment vingt-quatre gouvernements.

Caractère physique et moral des Suédois.

Les Suédois sont forts et robustes, bien que d'une taille peu élevée; ils sont laborieux, braves, religieux et probes. La politesse et l'hospitalité sont le caractère distinctif de la noblesse et de la haute bourgeoisie. En général, les Suédois ont un sentiment délicat de l'honneur, et se montrent fort jaloux des intérêts de leur nation.

DE LA NORVÉGE.

Ce royaume, qui appartient à la Suède, mais qui a ses lois et son gouvernement à part, est borné au nord par la mer Glaciale; à l'ouest, par la mer du Nord; au sud, par le Categat; à l'est, par la Suède, et au nord-est, par la Russie. La Norvége se divise en trois parties, et sa population totale est d'environ 1,000,000 d'habitants. Cette contrée est fort triste; le froid y est excessif, et la misère si grande, qu'il n'est pas rare, dans les hivers rigoureux, de voir des familles entières mourir de faim dans leurs cabanes. La ville de Christiana, située sur le golfe du même nom, est la capitale de la Norwége; elle contient 12,000 habitans.

Caractère physique et moral des Norvégiens.

Les Norvégiens sont robustes, vifs, très durs à la fatigue, francs, d'une simplicité patriarcale, hospitaliers et bienveillants; les exemples de longévité ne sont pas rares parmi ces hommes, ce que l'on attribue à leur grande sobriété.

DE LA RUSSIE.

La Russie est incontestablement le plus vaste empire

belles provinces, et finit par être entièrement démembrée par la Russie, la Prusse et l'Autriche, en 1772, 1793 et 1795. Rétablie partiellement en 1807, sous le nom de grand-duché de Varsovie, et en 1815 sous celui de royaume de Pologne, mais sous la suzeraineté de la Russie, elle vient (1832) d'être définitivement réunie à cet empire, par suite de la révolution qui s'y est opérée en 1830, et des désastreux événements qui l'ont suivie. Un ukase impérial détermine les statuts organiques de son nouveau gouvernement.

Caractère et mœurs des Polonais.

Les Polonais sont les Français du nord ; ils sont braves, doux, humains, généreux, polis ; nul peuple de l'Europe ne sympathise autant que les Polonais avec les Français, dont ils furent long-temps les frères d'armes. Les Français et les Polonais, en général, se regardent et se traitent comme membres de la même famille. La Pologne est un rempart humain qui nous a long-temps préservés des invasions des Barbares du nord. Le partage de la Pologne est à la fois une faute et un crime du gouvernement français de ce temps, qui pouvait et qui devait l'empêcher. Napoléon, que les Polonais chérissaient, avait l'intention de rendre à ce peuple généreux son ancienne indépendance, et la guerre de Russie n'avait point d'autre but. Plus tard, en 1830, les Polonais secouèrent le joug des étrangers : les Russes furent chassés de Varsovie ; toute la Pologne courut aux armes, et pendant un an résista aux forces immenses de la Russie. Ces braves soldats avaient compté sur l'appui de leurs frères.... Accablés par le nombre, ils déposèrent leurs armes, et ils attendent maintenant des temps meilleurs.

DES ILES BRITANNIQUES.

On donne le nom de Grande-Bretagne à la vaste île qui comprend l'Angleterre, la principauté de Galles et l'Écosse. Elle est bornée au nord par l'Océan Atlantique ; à l'est, par la mer du Nord ; et à l'ouest, par le canal de Saint-Georges, la mer d'Irlande, et le canal du Nord.

Indépendamment de l'île de la Grande-Bretagne, l'empire britannique comprend, en *Europe*, l'île de Man, les Sorlingues, l'île de Wight, celles de Jersey et de Guernesey, et quelques autres situées près de la côte de France ; l'Irlande, Gibraltar, les îles de Malte et de Gozo dans la Méditerranée, et celle de Helgoland à l'embouchure de l'Elbe. En *Asie*, la moitié de l'Hindoustan ; les trois provinces birmanes de Martaban, Yé, Tavaï et Tenasserim, les îles de Ceylan, de Poulo-Pénang, Maurice ou de France, les Seychelles, et plusieurs autres de la mer des Indes. En *Afrique*, le cap de Bonne-Espérance, Sierra-Leone, et différents établissements sur la côte occidentale ; Sainte-Hélène et plusieurs autres îles dans l'Océan Atlantique. Dans l'*Amérique septentrionale*, le Canada, le Nouveau-Brunswick, la Nouvelle-Écosse, Terre-Neuve, Saint-Jean, le cap Breton, Belize. Dans l'*Archipel de Colomb*, les îles de la Jamaïque, de Saint-Christophe, Antigoa, Barbade, la Dominique, Saint-Vincent, la Grenade, Tabago, Sainte-Lucie, la Trinité, Newis, Montserat, les îles Vierges, les Lucayes, les Bermudes, etc. Dans l'*Amérique méridionale*, la Guiane anglaise. Enfin, dans l'*Australie*, les colonies de la Nouvelle-Galles méridionale et de Swan-River dans la Nouvelle-Hollande; la Tasmanie ou Terre de Van-Diémen, l'île de Norfolk, etc. Ces différentes possessions réunies présentent une superficie de 633,338 lieues carrées, et une population de 94,111,125 individus.

L'ANGLETERRE.

L'Angleterre occupe la partie méridionale de la Grande-Bretagne. C'est en général un pays de plaines, excepté dans les parties du sud-ouest et du nord, qui sont montagneuses. Les pâturages y nourrissent une grande quantité de bœufs et de moutons qui donnent de belles laines; le blé et les autres graminées y viennent en abondance; mais la vigne y mûrit difficilement, et l'on n'y fait pas de vin; on y supplée par la bière, dont il se consomme une immense quantité. La richesse minérale consiste surtout dans l'étain de Cornouailles et le charbon de terre, qu'on y trouve partout en abondance.

L'Angleterre est arrosée par la Tamise, la Saverne, l'Humber dans lequel se jettent l'Ouse et la Trent. Ce pays se divise en Angleterre proprement dite, et en principauté de Galles, divisées toutes deux en cinquante-deux comtés, dont quarante pour l'Angleterre et douze pour la principauté de Galles, compris dans sept arrondissements que des juges parcourent chaque année pour l'administration de la justice.

La capitale de l'Angleterre est Londres, sur la Tamise, que l'on passe sur cinq ponts, dont deux sont fort remarquables. Londres est la ville la plus peuplée de l'Europe, et peut-être du monde entier; on y compte près de 1,300,000 habitans.

DE L'ÉCOSSE.

L'Écosse forme la partie septentrionale des deux royaumes que l'on appelait autrefois Grande-Bretagne. Elle est bornée à l'ouest et au nord par l'Océan Atlantique; à l'est, par la mer du Nord; au sud-est par l'Angleterre; au sud, par le golfe de Solway et la mer d'Irlande; et au sud-ouest, par le canal du Nord.

L'Écosse se divise en septentrionale et méridionale, qui renferment ensemble trente-cinq provinces. Édimbourg, belle et grande ville, en est la capitale. Les principales rivières sont le Tay, le Forth, la Spey et la Nyth.

DE L'IRLANDE.

Cette île est située à l'ouest de la Grande-Bretagne, dont elle est séparée par le canal Saint-Georges et la mer d'Irlande; elle a environ 84 lieues dans sa plus grande longueur, et 65 lieues dans sa plus grande largeur. L'Irlande, qui formait autrefois un royaume séparé, est divisée en quatre provinces, et subdivisée en trente-deux comtés.

Dublin, capitale de l'Irlande, est située sur la Liffey, au fond d'une belle baie. C'est la seconde ville des Iles Britanniques; autour de son enceinte extérieure règne un boulevart de 4 lieues de circuit. Dans sa partie ancienne, les rues sont étroites, irrégulières et mal bâties;

rues étroites, boueuses ou couvertes de nuages de poussière, faute d'être pavées, et de ses maisons construites en bois, mesquines et dépourvues de vitres et de cheminées. On y compte un grand nombre de khans, vastes bâtiments en pierre, destinés à recevoir les marchands qui voyagent en caravanes; de bazars ou marchés, de bézestins, autres bâtiments aussi en pierre, où est déposé tout ce que la ville renferme de marchandises de prix et d'objets précieux. On y remarque particulièrement l'Atmeïdan ou l'Hippodrome (qui est la plus grande place de Constantinople, quoiqu'elle n'ait que 250 pas de long sur 150 de large), qu'ornent la célèbre mosquée de Sainte-Sophie et celle d'Achmet III, la plus élégante de tout l'Orient; un obélisque égyptien, la colonne dite *Serpentine* et la Pyramide-Murée. La population de cette capitale s'élève à près de 600,000 habitants.

Caractère physique et moral des Turcs.

Les Turcs sont, en général, d'une taille élevée, robustes et bien proportionnés. Leur contenance grave, qui est plus expressive que celle des peuples du nord de l'Europe, reçoit un nouveau relief de la barbe et du turban. Leur caractère national est un mélange de qualités et de vices aussi opposés que contradictoires. Ils sont braves et pusillanimes, bons et féroces, fermes et pleins de faiblesse, actifs et indolents à l'excès. Grossiers dans leurs plaisirs, ils passent de la plus austère dévotion aux plus condamnables excès. Les grands sont à la fois humbles et hautains, tour à tour rampants et arrogants, avares et magnifiques.

L'Alcoran ou le Koran est le code civil et criminel des Turcs, le régulateur des droits et des devoirs des citoyens. Tous les jugements, toutes les sentences doivent être émanés de ce livre réputé saint. Mahomet écrivit l'Alcoran, et il est l'auteur de la religion mahométane, la seule dominante en Turquie. Les Turcs sont de la secte d'Omar.

RÉPUBLIQUE DES ILES-IONIENNES.

Cette république est formée des sept principales Iles-Ioniennes, qui sont : Corfou, Céphalonie, Zante, Sainte-Maure, Thiaki, Cérigo et Paxo, et de plusieurs autres îles moins considérables, qui s'étendent le long des côtes de la Morée et de l'Albanie.

Les Iles-Ioniennes sont escarpées, et elles sont hérissées de rochers et de collines arides, mais entrecoupées de plaines et de vallées fertiles partout où elles sont suffisamment arrosées. Malheureusement il n'y a ni rivières, ni même de ruisseaux d'une certaine étendue dans aucune de ces îles. On y recueille toutes les espèces de céréales (mais pour trois mois seulement de la consommation des habitants), du vin, de l'huile d'olive, du raisin dit *de Corinthe*, des oranges, des citrons, des amandes et autres fruits du midi; du miel, de la cire, du chanvre, du coton et de la soie; des plantes aromatiques et médicinales. Le bois y est rare, ainsi que les pâturages, ce qui fait que les habitants n'élèvent que des moutons et des chèvres.

Corfou, capitale de la République et chef-lieu de l'île du même nom, s'élève sur sa côte orientale et sur le penchant d'un promontoire, à l'extrémité duquel se trouve le port. Ses rues, naguère tortueuses, étroites et sales, sont aujourd'hui droites, larges et propres, et renferment un grand nombre de maisons bien bâties. On y remarque la belle promenade autour des murs, la place de l'Esplanade, le palais du haut-commissaire anglais, lequel est d'une magnificence vraiment royale; la douane et la nouvelle boucherie. Cette ville est tout-à-fait italienne, tant sous le rapport des mœurs, des manières, des amusements publics, que du langage : aussi le séjour en est-il très agréable, excepté quand souffle le siroco. Il s'y fait quelque commerce par suite de la franchise de son port, et la pêche y est très active.

La population de la république Ionienne s'élève à 80,000 habitants; Corfou en renferme 16,000.

Caractère moral et physique des habitants.

Les habitants des Iles-Ioniennes sont forts, robustes, d'une taille élevée; ils sont spirituels, enjoués et braves. Leur langue est le grec moderne. L'instruction est peu répandue dans les basses classes, mais les personnes des classes élevées sont presque toutes fort instruites.

DE LA GRÈCE.

La Grèce se compose de l'ancienne Grèce, aujourd'hui *Livadie*, et du Péloponèse, aujourd'hui *Morée*. Naguère encore, la Grèce était sous la domination des Turcs; après 400 ans d'esclavage, les Grecs se sont réveillés, ont secoué le joug, et la Grèce est maintenant un royaume indépendant.

Le territoire de ce nouveau royaume est couvert de montagnes d'une assez grande élévation; mais ces montagnes sont entrecoupées de belles plaines et de délicieuses vallées. Beaucoup de ces montagnes sont intéressantes sous le rapport des beautés naturelles; mais elles le sont encore davantage par les souvenirs qu'elles rappellent: tels sont, entre autres, les monts Aninos (l'ancien *OEta*), Liakoura (l'ancien *Parnasse*), Zagora (l'ancien *Hélicon*), Élatia (l'ancien *Cithéron*), Maleva (l'ancien *Taygète*), Télo-Vouni (l'ancien *Hymette*), etc.

Le climat varie selon les localités. La chaleur est étouffante dans les plaines en été, tandis que l'hiver est long et rigoureux dans les montagnes élevées, qui sont toujours couvertes de neige à cette époque de l'année. Le climat de l'Attique, renommé pour sa pureté et sa salubrité, est, sans contredit, le plus beau de la Grèce; mais rien, dit-on, n'égale la température délicieuse des îles en automne.

Le sol participe aussi des localités. Les districts les plus fertiles sont la Thessalie et les parties orientales de la Phocide et de la Béotie. L'Attique ne produit que de l'orge et des olives; mais la Morée est susceptible de tous les genres de culture; et avant la guerre de l'indépendance on y recueillait toutes les espèces de céréales, de fruits et de légumes, du vin, des olives en abondance, du raisin de Corinthe, et du coton en petite quantité, mais qui est remarquable par sa finesse et sa blancheur. Il paraît même que l'on y a autrefois cultivé la manne et l'indigo. Le miel du mont Hymette jouit, comme on sait, d'une grande célébrité. La Morée, mais surtout l'Élide et les côtes occidentales, offrent de belles masses de forêts de chênes, de pins, de sapins, de hêtres, de châtaigniers, de mélèzes, etc.

Ces forêts servent de refuge à des ours, des sangliers, des loups, des lynx, des chacals, des chats sauvages, des chevreuils, etc. On élève dans différentes parties une grande quantité de gros bétail, des chevaux, des ânes et des mulets, des vers à soie et des abeilles.

La Grèce possède des mines de plomb et de fer, des carrières de beaux marbres, entre autres ceux de Paros et de l'Attique.

La capitale du royaume grec est Athènes (appelée *Athina* par les Grecs modernes, et *Sétines* par les Turcs), ville célèbre, ancienne capitale de l'Attique, et capitale actuelle du nouveau royaume grec, qui s'élève près du Céphise. Au lieu de la cité superbe que ses habitants se plurent à orner pendant les 50 années qui s'écoulèrent entre la victoire de Salamine et la guerre du Péloponèse, Athènes moderne n'offre plus qu'une agglomération d'environ 1,300 maisons petites et la plupart mal bâties, et des ruines. Parmi ces dernières, on cite surtout celles qui existent encore du Propylée, du temple de la Victoire, de celui d'Érecthée, du célèbre Parthenon ou temple de Minerve, l'ancienne Acropolis, transformée en fort; puis celles de la tour des Vents, du Panthéon d'Adrien, du temple de Thésée, et quelques autres qui sont disséminées dans différentes parties de son enceinte.

La population de la Grèce s'élève à environ 500,000 habitants; Athènes en renferme 12,000.

Caractère physique et moral des Grecs.

Les Grecs sont grands, robustes et bien faits; ils sont braves, généreux, hospitaliers. Quatre siècles de servitude n'ont pu abrutir ce peuple, qui porte jusqu'au fanatisme l'amour de la liberté.

L'habillement des Grecs consiste en un petit gilet rayé, une très large culotte ou espèce de jupe, avec une ceinture; sur la tête, une petite calotte, par-dessus laquelle ils mettent un bonnet élevé et en cône quand ils sont en voyage. Celui des femmes est dans le goût oriental, et ajoute une grâce majestueuse à leur beauté naturelle.

CHAPITRE V.

DE L'ASIE.

L'Asie est la plus vaste, la plus productive, et la plus anciennement civilisée de toutes les parties du monde : elle est bornée au nord par la mer Glaciale jusqu'au détroit de Behring; à l'est, par le Grand-Océan; au sud, par l'Océan-Indien; à l'ouest, par la mer Rouge, l'isthme de Suez, la Méditerranée, la mer Noire, la mer d'Azof, et la Russie d'Europe. La plus grande longueur de cette partie du monde est de 2,700 lieues, et sa plus grande largeur, de 1,500 lieues.

L'Asie se divise en six parties, qui sont : la Turquie-Asiatique, l'Arabie, la Perse, les Indes, la Chine et la Tartarie.

Les principales îles d'Asie sont, dans la *Méditerranée*, Lesbos, Ténédos, Chios, Samos, Pathmos, etc., autrefois connues sous le nom de *Sporades*, Chypre, Rhodes.

Dans la *mer des Indes*, Ceylan, autrefois Taprobane; les îles de la Sonde : Bornéo, Sumatra, Java; villes principales, Batavia, Bantam. Les Moluques.

Dans la *mer du Sud*, les Philippines : ville principale, Manille, dans l'île de Luçon. Les îles et l'empire du Japon : principales villes, Yédo, capitale, Méaco, Osaca, Nangazaki.

Les principales rivières de l'Asie sont : le Jourdain et l'Euphrate, dans la Turquie-Asiatique; le Tigre, dans la Perse; l'Oby et le Wolga, dans la Tartarie; l'Indus et le Gange, dans les Indes.

Les principales montagnes de l'Asie sont : les monts Horeb et Sinaï, dans l'Arabie-Pétrée; le mont Ararat, dans l'Arménie; le Caucase, entre la mer Noire et la mer Caspienne; le Taurus, qui s'étend depuis l'Asie-Mineure jusque dans les Indes.

DE LA TURQUIE-ASIATIQUE.

La Turquie-Asiatique a beaucoup plus d'étendue que la Turquie d'Europe : elle est bornée au nord par la mer Noire; à l'est, par la Perse; au sud, par l'Arabie, et à l'ouest, par la Méditerranée. Sa plus grande longueur est de 520 lieues, et sa plus grande largeur de 285.

Cette partie de la Turquie est très montagneuse; mais il s'y trouve aussi un grand nombre de plaines bien arrosées, et le sol y est, en général, très fertile : malheureusement l'agriculture y est plus négligée qu'en aucun lieu du monde. Les principales productions de la Turquie-Asiatique consistent en froment, maïs, riz, dhourra, orge, fruits exquis, légumes, plantes potagères, vins, tabac, chanvre, lin, garance, indigo, pavot, sésame, safran, coton herbacé, dattes, pistaches, manne, gomme adragant, soie en abondance, oranges, citrons, limons, olives. Partout y fleurissent l'oranger, le myrte, le laurier, le térébinthe, le mastic, le tamarin, etc. Les côtes de la mer Noire sont couvertes de plantations de châtaigniers, d'abricotiers, de pruniers et de cerisiers.

Les forêts de la Turquie-Asiatique servent de refuge à des lions, des panthères, des hyènes, des ours, des chacals, des loups, des renards, des sangliers, des gazelles et autres antilopes, des cerfs, des daims; des chèvres sauvages, des bouquetins, etc., tandis que l'autruche parcourt ses déserts sablonneux. Le gibier est commun partout, et les rivières sont, en général, très poissonneuses.

Il existe dans la Turquie-Asiatique des mines d'or, d'argent, de cuivre, de fer, d'étain, de plomb, d'arsenic, de sel gemme, de cinabre. Les mines de cuivre d'Argana-Maaden, celles de Koureh, près de Castamouni, et celles de Goumich-kaneh, près de Trébizonde, jouissent aujourd'hui d'une certaine célébrité. On y trouve aussi des carrières de beaux marbres, d'albâtre, de pierres de taille, à chaux et à plâtre; du salpêtre, du bitume, de l'écume de mer, espèce d'argile blanche et très fine dont on fait des pipes, etc.

La population de la Turquie d'Asie est à peu près égale à celle de la Turquie d'Europe. Cette partie de la Turquie est habitée par des Turcs, des Grecs, des Arméniens, des Arabes, des Turkomans, des Kourdes, des Bédouins, etc. Les Turcs, les Grecs et les Arméniens, habitent les villes, où les premiers exercent tous les emplois civils et militaires, tandis que les autres se livrent au commerce. Les Turkomans, les Arabes, les Bédouins et Kourdes, sont nomades.

DE L'ARABIE.

L'Arabie est une grande presqu'île qui confine au nord à la Syrie; bien que déserte et sablonneuse en grande partie, elle offre cependant des cantons fertiles et bien arrosés, qui produisent des dattes, le café, dans la partie méridionale, aux environs de Moka, l'aloès, le baume de la Mecque. Une portion assez considérable est habitée par des pasteurs appelés *Bédouins;* ils n'ont d'autre propriété que leurs tentes, leurs chameaux, leurs chevaux, qui sont d'une espèce particulière et célèbre.

L'Arabie se divise en trois parties, qu'on trouve du nord au sud : 1° l'Arabie-Pétrée; 2° l'Arabie-Déserte, et 3° l'Arabie-Heureuse.

Leurs capitales sont : Hérac, Anah et la Mecque.

Parmi les princes qui gouvernent quelques portions de l'Arabie, ceux de l'Arabie-Heureuse sont indépendants; les autres dépendent de la Turquie.

Caractère physique et moral des Arabes.

Les Arabes sont d'une taille peu élevée; leurs membres sont grêles, ce qui ne les empêche pas d'être robustes; ils excellent dans tous les exercices du corps; ils passent pour les meilleurs cavaliers du monde, et sont très légers à la course; ils sont aussi fort bons tireurs. Les Arabes sont généralement braves; un air grave, mais moins sérieux que celui des Turcs, se manifeste dans leurs mouvements. Cependant ils aiment la compagnie, et ils se rassemblent assidument dans les cafés.

Quant aux Arabes du désert, ils passent leur vie à

Piller les caravanes. Toujours campés, l'été, sous des tentes tissues de poils de chèvre et teintes en noir, ou quelquefois embusqués, l'hiver, dans de vastes souterrains, ils détroussent les voyageurs, les dévalisent, et s'enrichissent de leurs dépouilles. D'ailleurs intrépides, audacieux, ils font la guerre avec valeur, et considèrent le butin qui résulte de leurs expéditions comme le prix du courage.

DE LA PERSE.

Le royaume de Perse est borné, au nord, par la Russie méridionale et la mer Caspienne; à l'est, par l'Afghanistan; au sud, par le golfe d'Oman, et à l'ouest, par la Turquie-Asiatique.

La Perse proprement dite comprend treize provinces; ses principales villes sont : Ispahan, jadis capitale, sur le Zenderoud, avec 200,000 habitants; Téhéran, au nord, résidence du roi ou *chah*, renferme 160,000 habitants; Hamadan (Ecbatane); Chiraz, dans une vallée délicieuse, célèbre par son vin; tout près est situé Istakhar, village où se voient les ruines de Persépolis. Ce pays, dont la population s'élève à plus de 10,000,000 d'habitants, est sans cesse en proie à la guerre civile.

La Perse renferme des plaines immenses où l'on ne trouve pas le moindre ruisseau, et des cantons montagneux et arides; mais elle renferme aussi des vallées charmantes et fertiles en raisins, dattes, figues, prunes, poires, pommes, oranges. On y fabrique de magnifiques tapis renommés dans le monde entier, et de riches étoffes d'or.

Caractère physique et moral des Persans.

Les Persans sont de beaux hommes, d'une taille élevée, assez grêles, mais robustes. Au moral, ils sont polis, braves, hospitaliers, gais, prévenants et communicatifs; mais on leur reproche d'être faux et trompeurs, voluptueux, passionnés et adonnés à la plupart des vices honteux de l'Orient. Ils aiment aussi beaucoup le luxe des habits, et prennent un soin particulier de leurs barbes, qu'ils laissent croître de toute longueur, et qu'ils lavent, peignent et parfument fréquemment. A la fois actifs et indolents, on les voit tantôt fumer du matin au soir à la même place, et tantôt prendre l'exercice du cheval des journées entières.

DE L'INDE.

L'Inde se divise en trois grandes parties, qui sont : l'Afghanistan, l'Indoustan et l'empire birman. Indépendamment de ces trois grands empires, il y a dans l'Inde un grand nombre de petits États; mais tous sont dépendants des Anglais, des Français et des Hollandais.

Le sol de l'Inde est, en général, très fertile, et produit en abondance le riz, le sucre, les épices, le coton, la soie, les aromates, des fruits délicieux; les habitants fabriquent de riches étoffes et des tissus précieux de soie et de coton; on y trouve des mines de diamants, et sur les côtes on pêche de belles perles; mais ce pays ne possède ni mines d'or, ni mines d'argent. Il nourrit des éléphants, des chameaux; les tigres les plus grands et les plus féroces habitent à l'embouchure du Gange.

On parle plusieurs langues dans l'Inde; les principales sont le persan, le bengali, le télingua. Le bramisme et le boudhisme sont les religions que professent les Indiens, qui sont divisés par castes.

DE L'AFGHANISTAN.

L'Afghanistan est situé entre les 28e degré 54 minutes et 37e degré 26 minutes de latitude nord, et les 57e et 71e degrés 25 minutes de latitude est; son étendue est de 37,945 lieues carrées, et sa population s'élève à près de 9,000,000 d'habitants. La surface de ce pays est, en général, montagneuse; mais il s'y trouve aussi de spacieuses vallées et de vastes plaines sablonneuses. Les rivières y sont nombreuses, et il s'y trouve aussi plusieurs lacs. Le climat de l'Afghanistan offre une grande diversité. Il est tempéré dans les plaines élevées, froid et âpre dans les montagnes, et quelquefois très chaud dans les vallées. Il est, au reste, partout salubre.

Le sol est, en général, fertile et bien cultivé. On y recueille du froment, qui forme la principale nourriture des habitants; de l'orge, du riz, du millet, du maïs, du lin, du tabac, de la garance, du coton, des cannes à sucre, des fèves, des pois, des melons, des concombres, des navets et autres légumes, toutes espèces de fruits, de la luzerne, du gingembre, de l'assa-fœtida, etc. Les montagnes sont bien boisées. La richesse des Afghans, tant nomades qu'autres, consiste dans de nombreux troupeaux de moutons. Ils élèvent aussi des chevaux, des mulets, des ânes, des chameaux, des buffles et des bœufs. Les chèvres abondent dans les parties montagneuses.

La capitale de l'Afghanistan est Kaboul, situé sur la rive gauche du Kaboul, dans un vallon étroit formé par une chaîne de petites collines, sur lesquelles s'élève la muraille qui l'environne. La population est de 80,000 individus.

Caractère physique et moral des Afghans.

Les Afghans proprement dits se donnent le nom de *Poukhto*, ainsi qu'à la langue qu'ils parlent. Ils sont robustes, de bonne mine, hospitaliers, généreux et braves, mais ignorants, souvent féroces et turbulents. Ils sont mahométans de la secte de Souni. Ils sont divisés en un grand nombre de tribus ou hordes, dont quelques-unes vivent dans une indépendance presque absolue du souverain. Les Tadjics, ou agriculteurs, forment avec les Hindous la masse de la population des villes; ce sont eux qui exercent à peu près toutes les branches d'industrie.

DE L'HINDOUSTAN.

Le climat de ce pays est très varié, en raison de son étendue; la terre y est aussi très fertile. Sa population s'élève à 125,000 habitants.

L'Hindoustan, aujourd'hui en grande partie sous la domination de l'Angleterre, à différents titres, est divisé en *Hindoustan septentrional,* qui comprend le Kachemire, le Lahore, le Goroual, le Nepaul et le Sikkim; en *Hindoustan propre,* qui renferme les provinces de Delhi, Adjemir, Oude, Agra, Bahar, Bengale, Allahabad et Gioudjérat; le Sinde, le royaume d'Oude, les territoires des

Seikes du Delhi, des rajahs de Matcherry, de Bortpour, de l'Allahabad, de Kotche et de Guiodjérat; dans le *Deccan,* qui est subdivisé dans les provinces de Gondouanah, Orissa, Kandèche, Bérar, Circars septentrionaux, Arongabad et Bijepour; les États de Holkar, de Guicovar et du Nizam; des rajahs de l'Orissa, de Bhôpâl, de Nagpour et de Sattarah; les îles de Bombay et de Salsette, et le territoire de Victoria; et enfin en *Hindoustan méridional*, qui embrasse les provinces de Balaghât, Canara, Carnate, Malabar, Salem et Coimbetour; les territoires des princes Polygares, du nabab de Maïsore, et des rajats de Travancore et de Cotchine.

Caractère physique et moral des Hindous.

Les Hindous sont, en général, bien faits et d'une taille avantageuse; il est rare de trouver parmi eux un homme contrefait. La couleur n'est pas la même dans toutes les castes. Elle approche d'autant plus du blanc d'Europe, que la famille est plus noble et plus distinguée. Les jeunes Brahmines sont presque aussi blancs que les enfants en France. Les individus des castes inférieures sont de couleur cuivrée, et les Parias presque noirs. Les Hindous sont généralement doués d'une heureuse organisation. Leur imagination participe un peu de l'exagération orientale; mais ce défaut provient plutôt de l'expression que de la fausseté des idées. Leurs passions sont peu vives et peu durables. On les dit naturellement apathiques, et assez indifférents les uns pour les autres.

DE L'EMPIRE BIRMAN.

L'empire Birman se compose des anciens royaumes d'*Ava*, d'*Aracan* et de *Pégu;* sa capitale est Ummerapoura. La plus grande longueur de cet empire est de 485 lieues, et sa plus grande largeur de 180; sa population est de 6,000,000 habitants.

La surface de l'empire Birman est très variée. Au marécageux Delta formé par l'embouchure de l'Iraouad y succèdent des plaines agréables et de petites vallées, et à celles-ci différentes chaînes de montagnes couvertes de forêts impénétrables. Dans les parties méridionales, le sol est d'une grande fertilité; ce qui a aussi lieu dans le voisinage des rivières et dans les vallées. On y recueille du riz en abondance, du froment, et les autres grains qui croissent dans l'Inde; des patates, des ignames, des champignons, beaucoup de légumes, du coton, des cannes à sucre, du tabac, de l'indigo, du sésame, du poivre, du bétel, de l'acique, du cardamone, du café; du thé inférieur à celui de la Chine, tous les fruits des contrées situées sous les tropiques, tels que l'ananas, le citron, l'orange, le melon, le mangoustan, le dorian ou durian, etc.

La capitale de l'empire Birman est AVA, grande ville située sur la rive gauche de l'Iraouady, dont la population est de 50,000 habitants.

Caractère physique et moral des Birmans.

Les Birmans sont d'une taille moyenne et fortement constitués. Ils s'épilent la barbe comme les Chinois, et se noircissent les dents comme les Hindous. Quant au moral, ils sont actifs, curieux et passionnés. La principale nourriture des deux sexes consiste en riz et en poisson salé accommodé à l'huile. Sectaires de Boudha, il leur est défendu de manger de la chair d'aucun animal, à moins qu'il ne soit mort par accident, ou naturellement; ce qui leur laisse une grande latitude : aussi en usent-ils sans beaucoup de scrupule à cet égard.

DE LA CHINE.

La Chine est l'État le plus peuplé du monde, et le plus vaste après la Russie; il est six fois plus grand que la France, et contient au moins 180,000 000 d'habitants, c'est-à-dire autant que l'Europe. Il en est même qui portent sa population à plus de 300 millions.

A raison de son étendue, ce pays est aussi varié dans ses productions que dans son climat : tantôt coupé de montagnes élevées, tantôt formant de vastes plaines, arrosées par une infinité de rivières qui se réunissent pour la plupart dans les deux bassins de l'*Hoang-ho* et du *Kiang-ho*, il est traversé en outre par une multitude de canaux, dont le principal est le *Canal Impérial*, qui a 600 lieues de cours, et traverse la Chine du sud au nord.

Le pays est parfaitement cultivé; il produit, entre autres plantes, l'arbre à thé, dont les feuilles séchées sont pour la Chine une source immense de profits, puisqu'il s'en exporte annuellement 45 millions de livres pesant, le camphrier, l'arbre à suif, des plantes aromatiques et médicinales : on y trouve des mines de cuivre, de charbon de terre, et les trois substances qui entrent dans la composition de la porcelaine.

La Chine se divise en quinze provinces contenant, dit-on, 4,000 villes murées, la plupart fort grandes, relativement à leur population, parce qu'elles renferment de vastes jardins : la principale est *Pékin*, au nord, capitale de l'empire, qui renferme, dit-on, 2,000,000 d'habitants.

Caractère physique et moral des Chinois.

La plupart des Chinois sont d'une taille ordinaire. Un grand front, un nez court, de petits yeux placés angulairement, un visage large et carré, une bouche d'une largeur médiocre, des cheveux noirs, et beaucoup d'embonpoint, constituent la véritable beauté chez les hommes. Quant aux femmes, elles sont d'une taille moyenne et assez sveltes. Elles ont le nez court, les yeux fendus, la bouche jolie, les lèvres vermeilles et les pieds si petits, qu'elles ne marchent qu'en chancelant. Elles sont d'ailleurs, en général, réservées, et celles des classes élevées vivent très retirées. Les Chinois n'ont pas le génie des sciences, mais ils ont beaucoup d'aptitude pour les arts et le commerce. Ils sont souples, quoique orgueilleux, et méprisent les autres nations, auxquelles ils se croient fort supérieurs. Ils aiment le jeu et la débauche; et sous un extérieur grave, ils savent mieux que personne cacher leurs vices et leurs mauvais penchants. Humbles dans leurs discours et s'excusant sans cesse sur leur ignorance, minutieux dans leurs écrits, polis sans sincérité, ils masquent, sous des dehors froids, un caractère vindicatif. Cruels lorsqu'ils sont les plus forts et lâches dans le danger, ils sont très attachés à la vie. En compensation de tant de défauts, ils n'ont guère qu'une seule vertu, leur respect pour leurs parents et les vieillards.

DU JAPON.

L'empire du Japon est formé des îles de Jesso, Niphon, Sikokfe, Kiou-Siou, des Grandes Kourilles, et d'un grand nombre d'autres petites îles. On évalue la superficie totale de cet empire à 28,935 lieues carrées, et sa population à 30,000,000 d'habitants.

Jedo, capitale du Japon, est située dans l'île de Niphon, à l'embouchure de la Toniak, dans une vaste baie du grand Océan; cette ville contient près de 2,000,000 d'habitants.

Caractère physique et moral des Japonais.

Les Japonais sont, en général, d'une taille moyenne, bien faits, souples, très adroits, mais d'une constitution moins robuste que les habitants du nord de l'Europe. Ils ont la tête grosse, le cou court, le nez gros et comme tronqué, les yeux d'une configuration particulière, et qui leur donnent un regard perçant, les cheveux noirs, et enfin le teint basané et jaunâtre, excepté dans les villes, où l'on voit beaucoup de personnes, et surtout de femmes d'une blancheur parfaite. On les dit vindicatifs, circonspects, méfiants, pusillanimes à l'excès, superstitieux et très fiers de leur nation, qu'ils croient descendre des dieux; de là le mépris qu'ils professent pour toutes les autres.

DE LA TARTARIE.

La Grande Tartarie se divise en trois parties, qui sont la Tartarie-Chinoise, la Tartarie-Indépendante et la Tartarie-Russe, ou Sibérie.

La Tartarie-Chinoise comprend la Mantchourie, la Mongolie, la Kalmoukie, le Thibet, et plusieurs autres petits États. Ces quatre grandes provinces sont situées au nord et nord-est de la Chine : elles sont bornées au nord par la Sibérie; à l'est, par la Manche de Tartarie et la mer du Japon; au sud, par la Corée, la Chine et le Thibet; et à l'ouest, par le Khanat. On évalue à environ 1,200 lieues leur plus grande longueur, et leur largeur moyenne à 300 lieues. Leur population réunie s'élève à 7,000,000 d'individus.

Les villes de ces provinces ne consistent guère qu'en une réunion de cabanes entourées de murailles en terre.

Mœurs et coutumes des habitants de la Tartarie-Chinoise.

Les Mongols et les Mantchoux sont nomades. Ils sont belliqueux, et la chasse, les courses à cheval, la lutte et le tir à la flèche sont leurs principaux amusements. Ils ont pour demeures des *iourtes*, sorte de cabanes rondes, formées d'une charpente légère et recouverte en feutre. Les habitants du Turkestan habitent dans les villes et se vêtissent d'étoffes de soie et de lainages. On sait que les Mantchoux qui conquirent la Chine, en 1644, sont les maîtres actuels de cet empire.

DE LA TARTARIE-INDÉPENDANTE.

La Tartarie-Indépendante comprend les Khanats de Khokand, de Boukharie, de Badakhchan, de Hissa, etc. Ces divers États sont gouvernés chacun par un prince que l'on nomme Khan, et qui est revêtu du pouvoir absolu.

Les habitants de ces pays sont forts, robustes, belliqueux; ils aiment le luxe et les plaisirs. Leurs défauts et leurs qualités se modifient selon la situation du pays, sa richesse, et la manière dont il est gouverné; mais, en général, ils ont un grand amour de l'indépendance, ce qui suppose des sentiments élevés. Ce sont tous d'excellents cavaliers; aussi les forces militaires de ces divers États se composent-elles uniquement de cavalerie.

DE LA SIBÉRIE.

La Sibérie, qui est maintenant érigée en royaume, est bornée au nord par l'Océan-Glacial-Arctique; à l'est, par la mer de Bering; au sud, par la Chine; et à l'ouest par la Russie d'Europe: sa population est d'environ deux millions d'habitants.

Le climat de la Sibérie est très rigoureux, mais sain. L'hiver y dure ordinairement de septembre jusqu'en juin; par conséquent l'été y est fort court, mais très chaud. Au-delà du 60e degré de latitude, l'intensité du froid y rend toute culture impossible; mais c'est surtout le manque de population qui fait que les habitants s'adonnent moins à l'agriculture qu'à l'éducation de leurs nombreux troupeaux. Toute cette partie est entrecoupée de steppes et de forêts de cèdres, de pins, de mélèzes, d'érables de Tartarie, de peupliers noirs et blancs, de bouleaux, de trembles, d'aunes, etc. Dans la partie méridionale, au contraire, le sol, dans beaucoup de districts, est d'une grande fertilité, et on y recueille de l'orge, du seigle, de l'avoine, toutes les espèces de légumes, et entre autres des asperges d'une grosseur prodigieuse.

La Sibérie, si remarquable par ses montagnes, ses fleuves, ses lacs et ses steppes, ces grands traits de sa géographie physique, ne l'est pas moins par les animaux sauvages qui peuplent ses forêts, et dont les dépouilles forment la principale ressource des habitants. Les plus précieuses de ces fourrures sont la martre zibeline, le renard noir et le renard bleu, l'hermine, l'écureuil ou petit-gris, et le castor. Dans les districts septentrionaux vit le renne, si précieux pour ces régions inhospitalières, où l'on emploie aussi comme animal de trait le chien, qui est grand et fort comme un renne. On y trouve également des ours qui errent à la fois dans les forêts et sur les bords de l'Océan-Glacial; des loups, des lynx, des élans, et d'autres quadrupèdes qui sont particuliers à cette contrée, telles que l'*argati*, qui tient du mouton et de la chèvre, et le *dijygeti*, peut-être le plus vif de tous les animaux connus, qui tient du cheval et de l'âne, mais que l'on a inutilement cherché jusqu'ici à réduire à l'état de domesticité.

Tobolsk, capitale de la Sibérie, est située près du confluent de l'Irtiche et du Tobol, à 829 lieues est de Saint-Pétersbourg; sa population est d'environ 20,000 habitants.

C

Caractère et mœurs des habitants de la Sibérie.

Les habitants de la Sibérie se composent de Russes, mais en petit nombre; de Bouriates et autres Mongols, de Toungouses, Lamoutes, Yakoutes, Youkagires, Tchouktchis, Mantchoux, Koriaks, Kamtchadales, Kourilles, Aléoutiens, Samoïèdes, Ostiaks, Kasaks, etc., qui diffèrent essentiellement les uns des autres, tant au physique qu'au moral, à la religion et au langage. Tous ces peuples, à l'exception de quelques peuplades qui ont embrassé la religion chrétienne, sont pasteurs ou chasseurs; ils professent le chamanisme, sont païens, ou n'ont aucun culte particulier.

CHAPITRE VI.

DE L'AFRIQUE.

L'Afrique forme une immense péninsule, qui ne tient à l'Asie que par l'isthme de Suez; son étendue est de 1,800 lieues de long sur 1,650 de large. La population, d'après toutes probabilités, dépasse 75,000,000 d'individus. La surface de l'Afrique est particulièrement caractérisée par les immenses déserts qui couvrent la partie septentrionale, et dont le plus vaste est celui de Sahara.

L'Afrique, dont l'intérieur est encore peu connu, se divise en neuf parties, qui sont l'Égypte, la Barbarie, le désert de Sahara, la Nigritie, la Guinée, l'Abyssinie, la Nubie, la Cafrerie, et les îles d'Afrique, dont les principales sont Madagascar, dans la mer des Indes; les îles du Cap-Vert, les Canaries et Madère, dans l'Océan-Atlantique, et les Açores, dans la mer du Nord.

Les principales montagnes sont : le mont Atlas, dans la Barbarie; les montagnes de la Lune, et le pic de Ténériffe, dans l'une des Canaries.

Les principaux fleuves sont : le Nil, le Niger, le Zaïre, le Coenza et le Zambère.

DE L'ÉGYPTE.

L'Égypte est bornée au nord par la Méditerranée; à l'est, par l'Arabie et la mer Rouge; au sud, par la Nubie, et à l'ouest par le Sahara. Sa plus grande longueur est de 225 lieues, et sa plus grande largeur de 200. Sa population s'élève à environ 3,000,000 d'individus. Les habitants de l'Égypte appartiennent à quatre races, qui sont : les Cophtes, les Arabes, les Mameluks et les Turcs.

La constitution physique de l'Égypte n'a pas changé depuis les temps les plus reculés; ce pays est toujours fertilisé par les inondations du Nil : la stérilité commence là où les eaux ne peuvent parvenir; car il ne pleut presque jamais dans la Haute-Égypte, et très rarement dans la Basse. Ce pays est sous la dépendance de la Porte; mais le pacha s'y est rendu presque indépendant.

La capitale de l'Égypte est le Caire, qui s'élève au pied et sur le penchant du mont Mokattam, près de la rive droite du Nil, et dont la population s'élève à environ 200,000 habitants.

Mœurs et usages des habitants de l'Égypte.

En Égypte, les différents peuples et les différentes professions sont distingués les uns des autres par l'habillement; mais tous ont de commun la largeur du pantalon et des manches, et la forme des vêtements, excepté les Felhas, qui n'en ont d'autre qu'une simple chemise bleue, retenue au milieu du corps par une ceinture. En Egypte on ne se sert point de lits; on couche tout habillé sur des divans ou des tapis. Les jardins n'ont pas d'allées; ce ne sont que des berceaux de gros arbres, où l'Égyptien, comme tous les orientaux, passe une grande partie de la journée à fumer. Il n'y a ni voitures, ni charrettes, attendu la facilité du transport par eau et à dos de chameau. Dans les villes on se sert de chevaux pour se promener, excepté les hommes de loi et les femmes, qui montent des mulets ou des ânes.

DE LA BARBARIE.

La partie septentrionale de l'Afrique, à laquelle on donne le nom de Barbarie, est bornée au nord par la Méditerranée; à l'est, par l'Égypte; au sud, par le désert de Sahara, et à l'ouest par l'Océan-Atlantique. Sa plus grande longueur est de 760 lieues; sa plus grande largeur de 140; et sa population est d'environ 12,500,000 individus.

Ce pays, qui est divisé en deux par le mont Atlas, comprend plusieurs États, dont les principaux sont : Tripoli, Tunis, Alger, Fez et Maroc. Les souverains de ces divers États sont tributaires de la Turquie, à l'exception d'Alger, qui, depuis 1830, appartient à la France.

Le climat de la Barbarie est chaud, mais salubre; le sol, quoique en général léger et sablonneux, est d'une fertilité admirable partout où il est suffisamment arrosé. Les principales productions de la Barbarie consistent en froment, orge, riz, maïs, tabac; on y récolte aussi une grande quantité d'excellents fruits de toute espèce.

Caractère physique et moral des habitants de la Barbarie.

Les habitants de la Barbarie se divisent en trois classes, qui diffèrent essentiellement les unes des autres : ce sont les Maures, les Arabes et les Amazighs (appelés improprement Berbères) ou Kabaïles. Les Maures qui habitent les villes et les plaines cultivées, et forment à peu près la moitié de la population entière, ont la peau plus blanche, le visage plus plein, le nez moins saillant, et tous les traits moins prononcés que les Arabes : on les dépeint comme avares, débauchés, sanguinaires et lâches, avides et paresseux, vindicatifs et rampants. Les Arabes sont d'une taille moyenne; ils ont la physionomie mâle, les yeux vifs et le teint presque olivâtre. Une partie d'entre eux s'adonnent à la culture des terres, et sont sédentaires; les autres, appelés Arabes-Bédouins, sont nomades et vivent du produit de leurs troupeaux. Ils sont sobres, affectueux et très hospitaliers, mais indolents et incapables de se livrer à un travail quelconque; orgueilleux et ennemis implacables. Les Amazighs et les Chellouhs ont la taille haute et svelte, le teint rouge et noirâtre, le corps grêle et maigre; ils passent pour courageux et infatigables, et combattent à pied, sans chefs et sans ordre. Comme les Arabes, ils sont divisés en petites tribus gouvernées par des cheiks, et qui sont répandues tant dans les montagnes que dans le désert.

DU SAHARA.

Le Sahara, qui n'est qu'un immense désert, est divisé en six parties, qui sont : le désert de Zangaha, le désert de Zuenziga, le désert de Targa, le désert de Lemta, le désert de Berdoa, et le pays de Biled-ul-Djerid, habité par les Mousselemis. Ces vastes et arides contrées sont habitées par des tribus errantes, dont quelques-unes sont tributaires de l'empereur de Maroc. Ces espèces de sauvages passent leur vie à chasser et à élever des troupeaux. Ils sont essentiellement voleurs, et dépouillent sans pitié les malheureux naufragés obligés de se réfugier sur cette terre de désolation.

DE LA NIGRITIE.

La Nigritie se compose de plusieurs royaumes, dont les principaux sont ceux de Tombout, d'Agadez et de Bornou.

Le sol n'est pas beaucoup plus fertile que celui du Sahara, à l'exception des contrées arrosées par des rivières. La Nigritie est la patrie des Nègres : ils y forment un grand nombre de petites tribus, dont on ne connaît que quelques-unes.

Les habitants de l'empire Bournou sont plus industrieux que les autres Nègres : ils fabriquent des toiles, des indiennes, des mousselines très fines. Ils professent le mahométisme.

DE LA GUINÉE.

Ce pays se divise en trois parties, qui sont : le Sénégal, la Haute-Guinée et la Basse-Guinée, que l'on appelle aussi le Congo.

Le Sénégal est habité par des Maures ; la Haute et la Basse-Guinée renferment plusieurs royaumes dont les habitants sont noirs. Ces derniers sont presque entièrement nus, et vivent de chair crue. Ils sont spirituels, adroits et robustes, mais orgueilleux, fourbes, paresseux, voleurs et vindicatifs.

DE L'ABYSSINIE.

Cette contrée renferme les sources d'un des affluents du Nil, qui traverse le lac Dambea. Les habitants, en général, professent un christianisme mêlé de pratiques juives.

Ce pays est divisé en plusieurs provinces. Villes principales : Gondar, près du lac Dambea; Axum, sur un des affluents du Nil; Assab, port sur la mer Rouge, ainsi que Masuah, tout près de l'ancienne Adulis; et Suakem, plus au nord, près de l'emplacement de Ptolémaïs, dite des Chasses.

La vie des Abyssiniens est plus courte que celle des autres hommes; la cruauté est le trait distinctif de leur caractère.

DE LA NUBIE.

La Nubie, située au sud de l'Égypte, est traversée par le Nil; les principales villes de ce pays, dont l'intérieur est peu connu, sont Dongola et Sennaar.

Les Nubiens sont entièrement nus; ils font un commerce assez considérable avec l'Égypte, ce qui n'empêche pas qu'ils mènent une vie fort misérable.

DE LA CAFRERIE.

La surface de ce pays est très montagneuse, et coupée de déserts sablonneux et de nombreuses rivières, dont les plus considérables sont le Mafumo, le Kourouman, le Malapou, le Lorenzo-Marquez et le Cumème, qui se jettent, à ce que l'on suppose, dans la baie aux Baleines.

Le climat, en général chaud, varie selon la position des lieux. Dans la partie orientale il n'y a que deux saisons, l'hiver et l'été. Pendant celui ci, les chaleurs sont souvent insupportables.

Les Cafres, quoique noirs, n'ont aucun trait du nègre africain. Ils sont d'ailleurs gais, doux et très intelligents. Ils fabriquent eux-mêmes les différents ustensiles en fer dont ils ont besoin. La musique, la danse et la chasse sont leurs principaux amusements. En général, ils sont plutôt sédentaires que nomades, et ils habitent des villes et des villages. La polygamie est permise parmi eux; mais il en est peu qui aient le moyen d'entretenir plus d'une épouse.

CHAPITRE VII.

DE L'AMÉRIQUE.

Cette partie du monde est la seconde sous le rapport de son étendue : deux mers immenses, l'Océan-Atlantique et le Grand-Océan baignent ses côtes : la première la sépare de l'Europe et de l'Afrique, et la seconde la sépare de l'Asie. Sa plus grande longueur est de 3,600 lieues, et sa plus grande largeur est de 1,100 lieues : sa population est d'environ 41,000,000 d'habitants.

La nature a divisé ce vaste continent, où elle se déploie partout à grands traits, en deux péninsules, qui forment, l'une l'Amérique septentrionale, et l'autre l'Amérique méridionale, lesquelles se réunissent à l'isthme de Panama.

L'Amérique, située de l'un et de l'autre côté de l'équateur, présente nécessairement de grandes variations dans sa température. Il est d'ailleurs reconnu qu'aux mêmes latitudes le froid y domine à un plus haut degré que dans l'ancien hémisphère, et qu'il se fait sentir non-seulement sous la zone tempérée, mais aussi sous la zone torride, où il mitige considérablement l'intensité de la chaleur. Une autre particularité du climat de l'Amérique, c'est son excessive humidité, que l'on attribue en partie aux vastes forêts qui couvrent sa surface, mais surtout à sa position au milieu de deux Océans. En général, cependant, le climat est plus tempéré sur la côte occidentale et dans les latitudes moyennes et élevées qu'ailleurs.

Le sol, excepté aux extrémités septentrionale et méridionale, où il est frappé d'une éternelle stérilité, est presque partout susceptible de culture, et, dans beaucoup de parties, d'une admirable fertilité. On y recueille toutes les espèces de céréales, de fruits, de légumes connus des autres parties du globe ; les substances les plus précieuses des contrées équatoriales, telles que la vanille, la cochenille, l'indigo, le sucre, le cacao, le coton, le quinquina, le poivre, la noix-muscade, le café, le sassafras, le gingembre, des gommes, etc.

Les principales îles d'Amérique sont : Terre-Neuve, les Bermudes, les Lucaies, la Jamaïque, Saint-Domingue, Porto-Rico, Cuba, la Havane, la Martinique, la Guadeloupe, Sainte-Lucie et la Trinité.

Les principales montagnes sont les Cordilières, les plus hautes du globe.

Les rivières principales sont : le Mississipi, le Saint-Laurent, la Plata et le fleuve des Amazones.

DES ÉTATS INDIENS DU NORD.

Ces États, situés dans le nord-est de l'Amérique du Nord, sont ceux de plusieurs peuples sauvages, dont quelques-uns nous sont tout-à-fait inconnus, et dont les principaux sont : les Indiens de cuivre, les Indiens de l'esclave, les Indiens lièvres, les Chépéouans, les Esquimaux et les Knisteneaux.

Le territoire qu'habitent les Indiens du nord est très considérable. Il s'étend du 59e au 68e degré de latitude nord, et comprend plus de cent soixante lieues de l'est à l'ouest. Les Indiens du nord sont en général d'une taille moyenne, bien proportionnée, et forts. Le pays qu'ils habitent est un des plus misérables qu'il y ait au monde, le sol n'étant qu'une masse de rochers stériles, couverts, pour la plupart, d'une mousse épaisse.

DU CANADA.

Le Canada, appelé dans l'origine Nouvelle-France, forme la possession la plus importante de l'Angleterre en Amérique; ce pays a 500 lieues dans sa plus grande longueur, et 135 dans sa plus grande largeur.

Le Canada, quoique situé à peu près sous la même latitude que la France, ne jouit pas d'un climat aussi tempéré. Soumis aux extrêmes du chaud et du froid, le thermomètre s'y élève souvent, aux mois de juillet et d'août, à 35 degrés, tandis qu'en hiver le mercure y gèle. Le dégel a lieu en mai; alors le printemps commence, et est bientôt suivi de l'été.

Dans le Bas-Canada le sol est très fertile; on y recueille en abondance du maïs, et toutes les espèces de céréales, de fruits et de légumes. La capitale est Québec, sur la rive gauche du fleuve Saint-Laurent, qui renferme environ 40,000 habitants. York, sur le lac Ontario, est la capitale du Haut-Canada; sa population n'est que de 3,000 individus.

Mœurs et usages des habitans du Canada.

Cette contrée, découverte et peuplée par des Français, est encore française par le langage, les mœurs et les habitudes. Là, les fleuves, les villes, les villages, les familles, ont des noms français; là, on retrouve l'enjouement, la politesse et la loyauté de notre patrie, et souvent aussi notre légèreté et notre insouciance. La population sédentaire est particulièrement concentrée sur les bords du Saint-Laurent et des lacs Ontario et Érié. Le reste du pays est habité par différentes tribus indigènes d'Algonquins, de Tchippaouays et autres.

DES ÉTATS-UNIS.

Les États-Unis occupent toute la partie comprise entre le Canada, le Mississipi et le golfe du Mexique, dans une longueur de plus de 500 lieues, et une largeur de 400 lieues. Cette vaste étendue de terre est traversée par la chaîne des *Alleghanys* ou Montagnes Bleues, qui forment plusieurs chaînons parallèles, et divisent le pays en trois régions : orientale, entre elle et la mer; montagneuse, au centre; occidentale, à l'ouest, jusqu'au Mississipi.

La côte est découpée par un grand nombre de golfes et de baies, dont la plupart sont des embouchures de grandes rivières. Les principales de ces rivières sont, à partir du sud : la Savannah, la rivière de James, d'Yock, de Susquehannah, qui se jette dans la baie de Chesapeak, la Delaware, la rivière d'Hudson, qui se jettent toutes deux dans l'Océan Atlantique; la Maubile se jette dans le golfe du Mexique.

Le climat est très varié et malsain dans la région méridionale, où la fièvre jaune fait souvent de grands ravages. Le sol, en grande partie, n'offre qu'une immense forêt, interrompue par des plaines nues appelées *savannes*, ou par des champs cultivés : la région du nord produit les principaux végétaux de l'Europe; la région du sud, l'indigo, le riz, le tabac, le coton.

Les États-Unis ont été originairement des colonies anglaises; mais, en 1782, secondées par la France, ces colonies s'affranchirent, après avoir soutenu une guerre glorieuse. Elles forment maintenant une république fédérative, divisée en dix-sept États, qui sont : Maine, New-Hampshire, Vermont, Massachusets, Rhode-Island, Connecticut, New-York, qui forment ce qu'on appelle proprement la Nouvelle-Angleterre; New-Jersey, Pensylvanie, Delaware, Maryland, Virginie, les deux Carolines du nord et du sud, Géorgie; à l'ouest, Kentucky, Tennessée, Ohio, Louisiane, Mississipi, Indiana, Illinois, Alabama.

Caractère physique et moral des habitants des États-Unis.

Les habitants des États-Unis n'offrent pas positivement un caractère national particulier. Comme la masse de la population est d'origine anglaise, les mœurs, les coutumes, les goûts, les opinions, et jusqu'aux préjugés des deux peuples, sont à peu près les mêmes. Les Américains ont de plus un sentiment d'indépendance né de leurs institutions politiques. On leur reproche d'avoir un grand amour du gain et une excessive vanité. Quoiqu'il n'y ait aucune distinction reconnue par les lois, la fortune et la nature des professions forment trois classes très distinctes, et qui ne se mêlent jamais : les négociants, les hommes de loi (dont le nombre est prodigieux); les médecins et les ecclésiastiques forment la première; les marchands, les fermiers et les artisans, la seconde; les petits marchands, les ouvriers à gage, etc., la troisième.

DU MEXIQUE.

Ce pays est situé entre le golfe de ce nom et la mer du Sud. On le divise en seize districts, savoir : Culiacan, Panneo, Nouvelle-Galice, Méchoacan, Mexico, Ouxaca, Tabasco, Ycatan, Guatimala, Chiapa, Verapaz, Honduras, Nicaragua et Costarica. La population de ce pays est d'environ 7,000,000 d'habitants.

Le Mexique, après avoir appartenu long-temps aux Espagnols qui le découvrirent et en firent la conquête sous Fernand-Cortès, est aujourd'hui un état independant.

Mexico, capitale de la république, s'élève dans une plaine, sur le bord occidental du lac de Tezeuco. C'est l'une des plus belles et des plus grandes villes de l'Amérique. On y compte environ 180,000 habitants.

Caractère physique et moral des habitants du Mexique.

Le Mexique est habité par quatre races d'hommes différentes : les blancs ou créoles, les Indiens ou indigènes, les métis ou sang-mêlés, et les nègres. Peu de créoles sont de race blanche pure, et il y a peu de Mexicains blancs par leur mère, les premiers conquérants n'ayant pas amené de femmes avec eux. Antérieurement à la dernière révolution, cette classe occupait tous les emplois, et tous les grades étaient entre ses mains. Les métis ou croisés de blancs et d'Indiennes ont la peau aussi blanche que celle de leur père, et on ne peut les reconnaître qu'aux traits de la figure. Les différentes tribus indigènes sont les Apaches et les Tetans, appelés par les Espagnols Cumanches, qui habitent les parties septentrionales, et qui, à l'exception de quelques tribus, sont tous nomades, et passent la majeure partie de leur vie à cheval; les indigènes de la Californie, qui se civilisent de jour en jour; les Tarahumara et les Mecos, dans l'État de Durango; les Pimas et les Yaquis, dans celui de Sonora; les Tarasques, les Othoms, les Totonaques, les Zapotèques, les Mixtèques, dans les parties centrales et méridionales; les Chapanèques, dans l'État de Chiapa; et les Mayas ou Yucatans, dans l'État de ce nom, dont ils composent presque toute la population. Les indigènes, qui forment près de la moitié de la population totale, ont la peau basanée et cuivrée, le corps trapu, les cheveux noirs, plats et lisses, l'œil allongé, les pommettes rondes et saillantes, les lèvres épaisses. Ils n'ont que peu de barbe, et, comme leur peau se ride peu, et que leurs cheveux ne blanchissent jamais, ils ont toujours l'air jeune. Les deux sexes ont les mains et les pieds d'une petitesse remarquable. Ils montrent dans l'enfance une supériorité marquée sur leurs concitoyens blancs. Ils apprennent avec facilité. Ils ont de l'aptitude pour les arts mécaniques, mais peu d'imagination; ils sont d'ailleurs dissimulés et tristes.

DU NOUVEAU-MEXIQUE.

Le Nouveau-Mexique est une lisière de 175 lieues, qui s'étend jusqu'au golfe de ce nom, le long de la rivière appelée Rio-del-Norte. Les principales villes du Nouveau-Mexique sont Santa-Fé et Taos. Ce pays est peu peuplé.

Parmi les nations sauvages dont le Nouveau-Mexique est peuplé, on distingue les Apaches, nation industrieuse et très belliqueuse. Les habitations de ce peuple sont des espèces de forts, sans portes; pour y entrer, ils montent avec des échelles qu'ils tirent ensuite après eux.

DE LA CALIFORNIE.

La Californie est une longue presqu'île, séparée du continent par la mer Vermeille: elle se termine au cap Saint-Lucar, où il y a un bon port. Les naturels étaient au dernier degré d'abrutissement; les soins et le zèle des missionnaires y ont formé quelques établissements. Il en est de même de la côte du Grand-Océan, au nord, laquelle se nomme Nouvelle-Californie.

DE LA NOUVELLE-GRENADE.

La Nouvelle-Grenade, à l'ouest, forme, en certaines parties, un plateau fort élevé, exposé à de grandes commotions volcaniques: elle est riche en mines d'or et de platine, exploitées par des nègres, ou par des naturels fort maltraités des Espagnols; en mines d'émeraudes, dites du Pérou, qu'on préfère à toutes les autres. Villes: Santa-Fé-de-Bogota, située à une hauteur de 8,000 pieds, Popayan, Saint-Jean-de-Llanos, Carthagène, avec un excellent port sur le golfe du Mexique; Panama et Porto-Bello, ports autrefois riches par l'exportation des métaux précieux.

DU PÉROU.

Le Pérou, dans sa plus grande longueur, a 430 lieues, et 300 dans sa plus grande largeur. Sa surface est traversée dans toute sa longueur par deux embranchements des Andes. Entre la première et la mer s'étend une vaste plage déserte et sablonneuse d'environ 430 lieues de long, sur une largeur qui varie de 5 à 40 lieues. Ce désert, où le voyageur n'ose jamais s'aventurer sans guide, est entrecoupé de rivières et de ruisseaux qui débordent lors de la saison des pluies. La partie comprise entre les deux embranchements dont il vient d'être question, et qui est appelée la *Sierra*, consiste en montagnes nues et arides, dont quelques-uns des sommets atteignent à la hauteur de plus de 3,000 mètres. De ces montagnes découlent le Paro, qui prend, depuis son confluent avec le Tambo, dans la partie inférieure de son cours, le nom d'Ucayali; le Marannon, l'Apurimac, le Tambo, l'Huallaga, le Javari, la Pachitca et leurs nombreux affluents; la Chira, la Piura, la Santa, la Camana, la Jequetepeque, l'Yca, la Parisancos, et un grand nombre d'autres rivières qui se jettent dans le Grand-Océan. Des différents lacs qui existent au Pérou, les plus considérables sont ceux de Chinchaycocha, de Roguaguado et de Loricocha; il renferme en outre la plus grande partie de celui de Titicaca ou Chucuito, l'un des plus grands de l'Amérique méridionale. Sur le versant oriental de la chaine centrale des Andes commence la région des forêts, appelée la *Montagna*, mais où l'on trouve une multitude de lacs et de marais.

Les habitants du Pérou, dont le nombre s'élève à environ 2,000,000, sont de cinq races différentes : les créoles, d'origine espagnole; les Indiens convertis; les mulâtres, les nègres, et les Indiens indépendants.

DE LA PLATA.

La Plata, aujourd'hui pays indépendant, était autrefois une possession espagnole, gouvernée par un vice-roi, et divisée en quatre provinces, savoir : le Charcas, le Paraguay, Rio-de-la-Plata et Tucuman. Le Paraguay forme un État séparé.

La ville la plus considérable de ce pays est Potosi, dont la population dépasse 100,000 habitants. Il y a dans ces contrées un grand nombre de mines d'argent très productives.

DU CHILI.

Ancienne colonie espagnole, le Chili est aujourd'hui une république indépendante, divisée en trois provinces, qui sont Copiapo, Coquimbo et Crujo.

Santiago, ville capitale, est située dans une vaste plaine, sur le Maypocho, qui la divise en deux parties. On évalue sa population à environ 46,000 âmes; celle de toute la république ne s'élève pas tout-à-fait à un million.

Caractère physique et moral des habitants du Chili.

La population du Chili se compose de blancs, de créoles, de métis, de mulâtres, d'Indiens et de nègres, qui tous, à l'exception des créoles, ne diffèrent en rien des mêmes classes d'individus dans les autres parties de l'Amérique. Quant aux créoles, ils sont en général bien faits, vifs, robustes, francs, et doués de beaucoup d'intelligence. Il existe au Chili une autre race d'hommes, les Araucaniens, qui habitent la partie méridionale du Chili et la partie septentrionale de la Patagonie, et dont on évalue le nombre de quatre à cinq cent mille individus. Ces peuples, qui ont su jusqu'à présent se maintenir dans une entière indépendance de leurs voisins, parlent la langue chilienne, appelée *chiliduga*.

DE LA PATAGONIE.

La Patagonie s'étend depuis le Chili jusqu'à l'extrémité de la péninsule. C'est un pays triste et monotone, dont le sol est aride et inculte.

La Terre-de-Feu, quoique séparée de la péninsule par le détroit de Magellan, dépend de la Patagonie.

Mœurs des Patagons.

La population de la Patagonie peut se diviser en trois races : les Araucaniens, les Puelches, qui ont été en grande partie détruits dans leurs guerres contre les premiers; et les Patagons, qui habitent toute la partie méridionale. Leur taille ordinaire est d'environ 1 mètre 95 cent. (5 pieds 10 pouces). Ils ont le teint bronzé, sont bien faits et robustes, et ont les pieds et les mains d'une petitesse extraordinaire. Leurs cheveux, qu'ils attachent par derrière, sont très longs, et presque aussi durs que des soies de porc. Ils n'ont pour tout habillement qu'une espèce de couverture faite de peaux de guanaco cousues ensemble. Ils vivent principalement de la pêche et de la chasse. Les deux sexes montent également bien à cheval. Ils sont divisés en tribus, et ont des chefs héréditaires. Ils paraissent n'avoir aucune espèce de culte.

DU BRÉSIL.

Le Brésil est une immense contrée, comprise entre l'Océan Atlantique, à l'est, et le Pérou, à l'ouest, jusqu'aux rives de l'Amazone. L'intérieur de ce pays n'est pas bien connu. La population de ce pays qui est connu s'élève a environ quatre millions d'habitans, dont six cent mille Européens; le reste se compose de nègres, mulâtres et indigènes. Ce pays, qui appartenait autrefois au Portugal, forme maintenant un État indépendant, sous le nom d'*Empire du Brésil*. La capitale est Rio-Janéiro, grande et belle ville, avec un excellent port.

Mœurs des Brésiliens.

Les Brésiliens indigènes vont tout nus, excepté les jours de fêtes, qu'ils se couvrent d'une toile, de la ceinture jusqu'aux pieds. Les hommes ont la lèvre inférieure percée par un anneau, et les femmes en portent aux oreilles. Les hommes coupent leurs cheveux, et n'en laissent qu'une touffe derrière la tête, qui pend quelquefois jusqu'au milieu du dos. Les femmes les laissent croître, et les portent épars sur leurs épaules. Elles se couvrent la tête d'une coiffe de coton. Ces naturels font grand cas de la force physique.

DE LA GUIANE.

La Guiane s'étend sur tout le district situé entre l'Orénoque et l'Amazone jusqu'au Rio-Négro. Elle se divise en Guiane-Hollandaise et Guiane-Française. Le chef-lieu de a Guiane-Hollandaise est Paramaribo, et celui de la Guiane-Française est Cayenne.

Les Indiens de la Guiane vivent sans aucun gouvernement régulier. Ils ne connaissent aucun partage de terres. Les plus âgés font les fonctions de capitaines, de prêtres et de médecins : on les nomme *peii* ou *pagayers*, et, de même que chez plusieurs nations civilisées, ils jouissent de plus d'avantages que le reste de leurs compatriotes.

CHAPITRE VII.

DE L'OCÉANIE.

L'Océanie, qui est la cinquième partie du monde, se compose de la totalité des îles situées au sud de l'Asie, avec la Nouvelle-Hollande, et toutes les îles dispersées dans le Grand-Océan, parce qu'elles offrent des caractères particuliers, qui les distinguent des autres parties du monde, sous le rapport des habitants et des productions.

Cette cinquième partie du monde se divise en trois parties principales, qui sont : la Notasie, qu'on appelle aussi Asie méridionale, l'Australie, et la Polynésie.

DE LA NOTASIE.

La Notasie est l'archipel situé entre l'Asie et la Nouvelle-Hollande. Les trois principaux groupes de ces îles sont :

1° Les *îles de la Sonde*. Sumatra, la plus importante de ce groupe, est traversée par une haute chaîne de montagnes qui renferment des volcans. Le mont Ophyr est le plus élevé de tous; sa hauteur est d'environ 4,000 mètres. Cette île nourrit tous les grands animaux de l'Asie ; elle produit du poivre, de la cannelle, etc.

2° Les Moluques, qu'on appelle aussi *îles aux Épices*, parmi lesquelles on distingue les *Célèbes*, dont les productions sont les mêmes que celles de Sumatra.

3° Les Philippines, groupe au nord des Moluques, se composent de deux grandes îles et de plusieurs petites : *Manille* est la plus considérable.

Les îles de la Notasie sont habitées principalement par les Malais et les Européens, sur les côtes ; les indigènes se tiennent dans l'intérieur des terres.

DE L'AUSTRALIE.

L'Australie se compose de la Nouvelle-Hollande, et de plusieurs grandes îles. La Nouvelle-Hollande est elle-même une île immense que l'on peut regarder comme un troisième continent.

DE LA NOUVELLE-HOLLANDE.

Ces régions semblent appartenir à une création plus récente que le reste du globe. Rien n'y indique une époque antérieure, ni ruines ni souvenirs. L'aspect des côtes, parsemées en grande partie d'îles, d'écueils et de récifs de corail, annonce au premier coup d'œil une terre qui semble frappée d'une éternelle stérilité. Mais elle renferme aussi des contrées qui y font une heureuse exception. De ce nombre est la côte orientale, la seule qui soit encore bien connue. Ici s'élève une chaîne de montagnes auxquelles les Anglais ont donné le nom de *Montagnes Bleues*, et qui paraît être la continuation de la grande chaîne qui côtoie le littoral presque en entier. Au-delà, la surface du pays est agréablement diversifiée. Des Montagnes Bleues découlent plusieurs rivières considérables, entre autres la Macquarie, la Lachlan, la Murray, la Hastings et la Clyde. Il y existe, au nord de Liverpool, un volcan qui brûle sans rejeter de lave.

Caractère physique et moral des habitants de la Nouvelle-Hollande.

Les indigènes sont, en général, d'une taille médiocre et plus ou moins bien constitués. Ils ont la peau plutôt couleur de suie que noire, les cheveux et la barbe noirs, durs et frisés, mais non pas laineux; le visage plat, le nez large, les lèvres épaisses, la bouche démesurément fendue, les dents très blanches, les oreilles très développées, et les yeux à moitié fermés. Si les hommes sont d'un aspect repoussant, les femmes sont dégoûtantes. Ces sauvages sont réunis par tribus peu nombreuses, et qui n'ont point de communications entre elles. Leur abrutissement est tel, qu'ils n'ont ni cabanes, ni vêtements, excepté une peau de kangarou dont ils se couvrent les épaules, et ne vivent que des produits de la chasse et de la pêche. Toute leur industrie consiste à savoir construire des pirogues et des armes grossières

DES ILES DE L'AUSTRALIE.

Parmi les grandes îles de l'Australie, on distingue : la *Nouvelle-Guinée* ou *Terre des Papous*, qui est à peu près aussi grande que Bornéo : on y trouve les oiseaux de paradis, dont le plumage est si éclatant; l'archipel de *Louisiade*, entouré d'écueils et de récifs, de même que la *Nouvelle-Bretagne*, le dernier pays à l'est où se trouve le muscadier; la *Nouvelle-Irlande*, *etc*.

A l'est, est le grand *archipel de Salomon*, composé de six îles principales. Au sud, les *Nouvelles-Hébrides*, la *Nouvelle-Calédonie*, grande île étroite et allongée, fertile et peu peuplée. La *Nouvelle-Zélande*, composée de deux grandes îles, séparées par le détroit de Cook, larges d'environ cinq lieues : l'une a cent quatre-vingts lieues de long, l'autre en a deux cents. Ces îles produisent beaucoup de bois de construction, et plusieurs plantes que les Européens y ont introduites; il y vient le *phormium tenax*, ou lin de la Nouvelle-Zélande, plante fibreuse propre à plusieurs usages.

Un peu à l'ouest de ces îles, est le point antipode de Paris, c'est-à-dire, situé à la même latitude dans l'hémisphère austral, et à 180 degrés de longitude.

Caractère physique et moral des habitants de la Nouvelle-Guinée.

La Nouvelle-Guinée est habitée, outre les Malais, par

deux races de nègres qui ont assez de ressemblance avec les indigènes de la Nouvelle-Hollande, les Papous proprement dits et les Haroforas. Les Papous, qui sont les plus nombreux, occupent principalement la côte occidentale. Ils vivent à peu près dans l'état sauvage, et ne subsistent guère que des produits de la chasse et des fruits des forêts. Les Haroforas, au contraire, qui habitent l'intérieur du pays, sont sédentaires, et se livrent à l'agriculture. Les Malais sont fixés sur différents points des côtes. Les Chinois viennent à l'île de Ouaigiou échanger avec ces peuples des étoffes grossières, des haches, de la coutellerie, de la verroterie et quelques autres objets, contre de l'or en poudre, des perles, de l'ambre, etc.

La Nouvelle-Guinée a été découverte en 1527, par l'Espagnol Saavedra, qui donna le nom de *Papoua* à la partie occidentale, et celui d'*Ile-d'Or* à la partie orientale. En 1829, les Hollandais ont pris possession de toute la première partie occidentale.

DE LA POLYNÉSIE.

La superficie des îles composant la Polynésie est estimée approximativement à dix-neuf mille deux cent cinquante-huit lieues carrées, et sa population à un million cinq cent mille individus. Ces îles sont toutes plus ou moins montueuses et bien boisées. Il en est plusieurs, entre autres, dans la terre de Cook, et dans les archipels de Sandwich, de la Société et de Tonga, qui renferment des montagnes d'une assez grande élévation. Leur nature volcanique est attestée par l'existence de six volcans tous dans des positions absolument opposées. Par suite de l'exiguïté de leur surface, il n'y a de véritables rivières que dans celles de la terre de Cook, mais elles sont arrosées par de nombreux cours d'eau, des ruisseaux et des torrents. Il n'y existe pas non plus de lacs proprement dits; mais la plupart d'entre elles renferment des lagunes qu'environne une bande de terre étroite, et qui communiquent presque toujours à la mer.

Caractère physique et moral des habitants de la Polynésie.

Les indigènes de la Polynésie sont de couleur olive, bronzée ou brun-rougeâtre, au-dessus de la taille ordinaire, robustes et bien conformés. Ils ont le front haut et bien fait, les yeux noirs et d'une grandeur moyenne, mais brillants et couverts, les pommettes peu ou point saillantes, le nez droit ou aquilin, la bouche bien faite, mais les lèvres un peu épaisses; enfin les cheveux d'un noir foncé ou châtains. Les femmes sont comparativement moins petites qu'en Europe. Parmi les hommes, les chefs sont toujours les plus grands et les plus beaux. Leurs mœurs et leurs coutumes varient au reste dans les divers archipels.

FIN.

Paris. — Imprimerie et Fonderie de Rignoux et Cᵉ, rue des Francs-Bourgeois-Saint-Michel, 8.

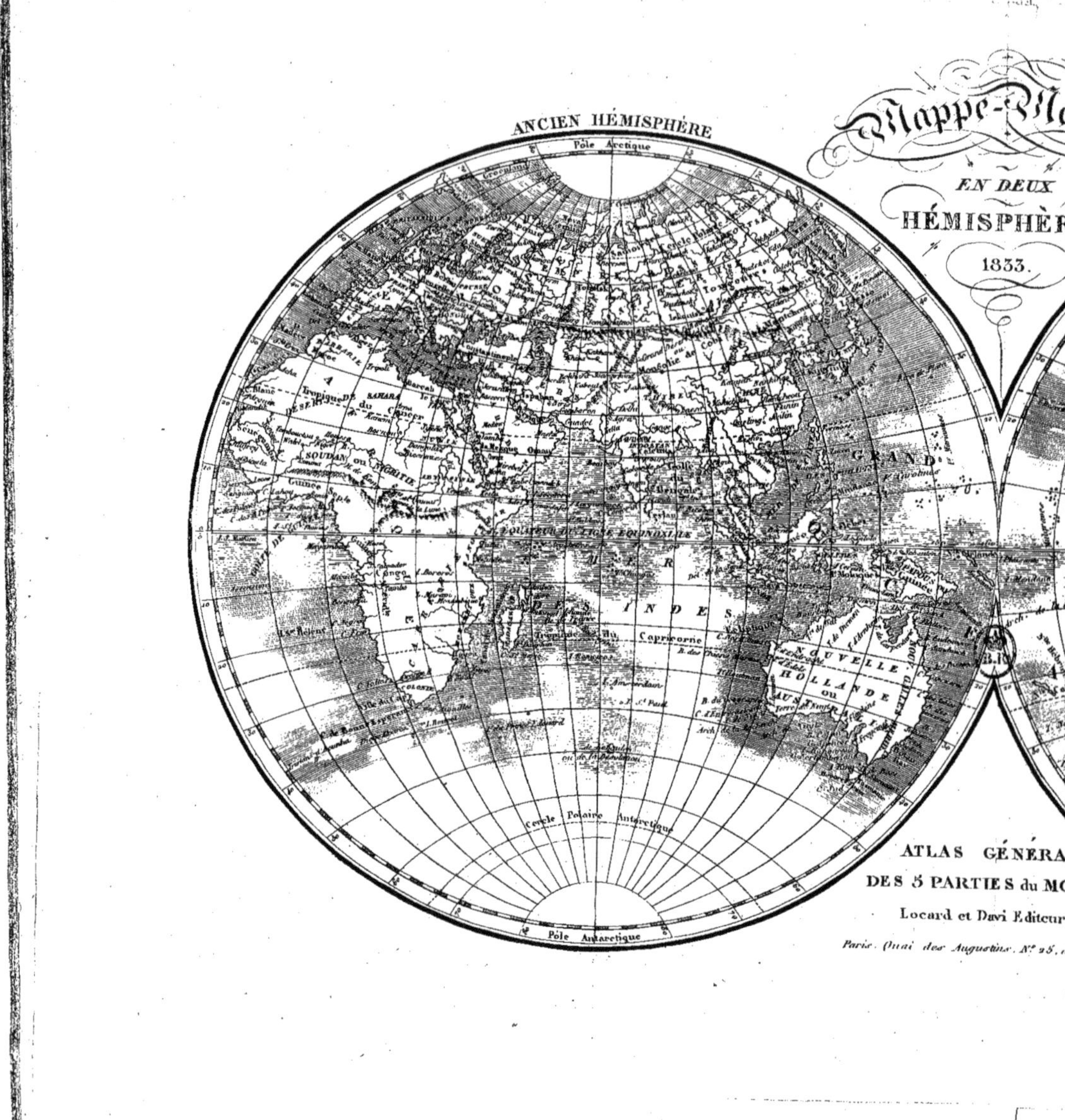

EN DEUX
HÉMISPHÈR
1833.
ANCIEN HÉMISPHÈRE
Pôle Arctique
SAHARA
SOUDAN ou NIGRITIE
Guinée
Congo
GRAND
M E R
D E S   I N D E S
Tropique du Capricorne
NOUVELLE HOLLANDE ou
Cercle Polaire Antarctique
Pôle Antarctique
ATLAS GÉNÉRA
DES 5 PARTIES du MO
Locard et Davi Editeur
Paris. Quai des Augustins. N° 25,

Monde.
EUX
HÈRES
NOUVEL HÉMISPHERE
Pôle Arctique
ASIE
Cercle Polaire Arctique
AMERIQUE
SEPTENTRIONALE
Golfe du Mexique
Mexico
Tropique du Cancer
Ecliptique
P.t du Cap Verd
OCEAN
EQUINOXIAL
Tropique du Capricorne
Ecliptique
I E
Cercle Polaire Antarctique
Pôle Antarctique
NERAL
S du MONDE.
Editeurs..
. N° 25, au Premier.

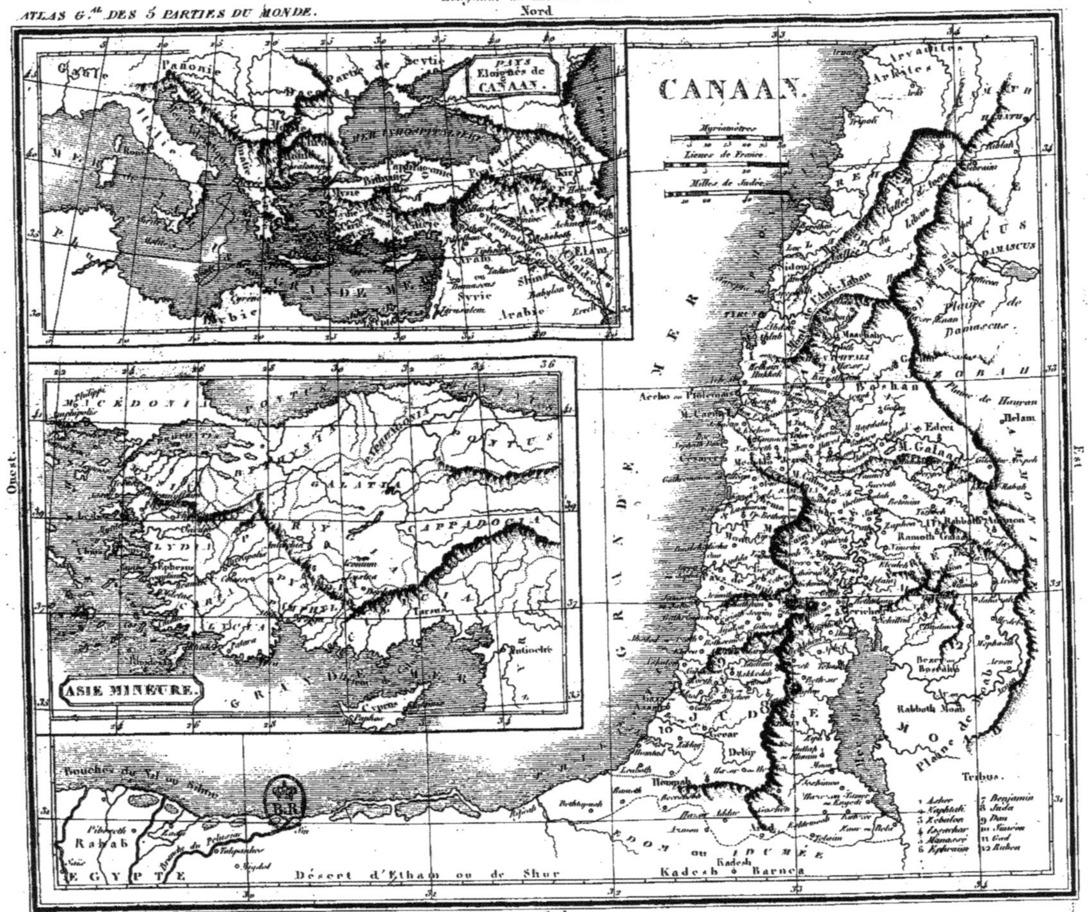
Longitude du Méridien de Paris.
Nord
Est
Sud
Ouest.
CANAAN.
Myriamètres
Lieues de France.
Milles de Judée.
PAYS Eloignés de CANAAN.
ASIE MINEURE.
Tribus.
1 Asher
2 Naphtali
3 Zebulon
4 Issachar
5 Manassé
6 Ephraim
7 Benjamin
8 Juda
9 Dan
10 Simeon
11 Gad
12 Ruben
Désert d'Etham ou de Shur
Kadesh Barnea
Plaine de Hauran
Plaine de Damascus
Bouches du Nil ou Sihor
EGYPTE
Rabah
Pibeseth

Paris. LOCARD et DAVI, Editeurs, Quai des Augustins, N.o 25, au Premier.

Longitude du Méridien de Paris.

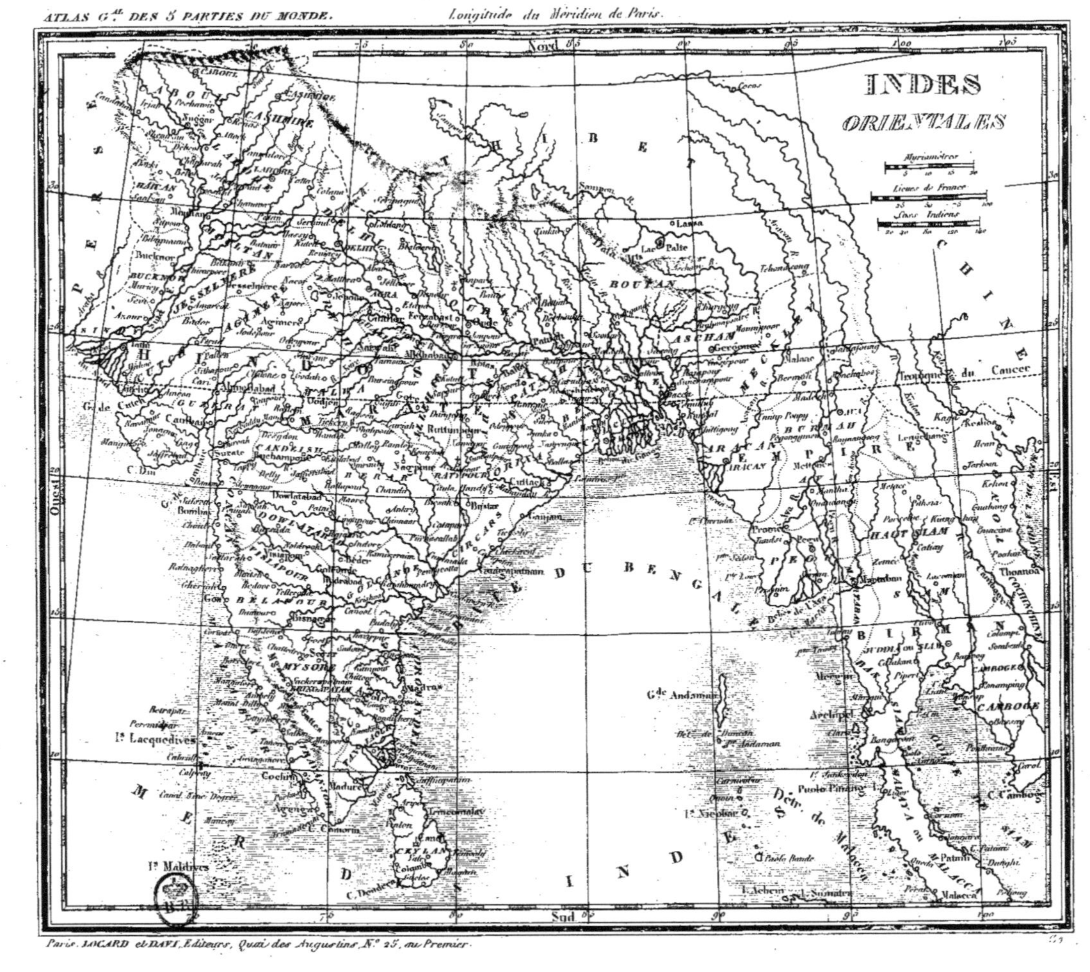

Paris. LOCARD et DAVI, Editeurs, Quai des Augustins, N.º 25, au Premier.

Longitude du Méridien de Paris

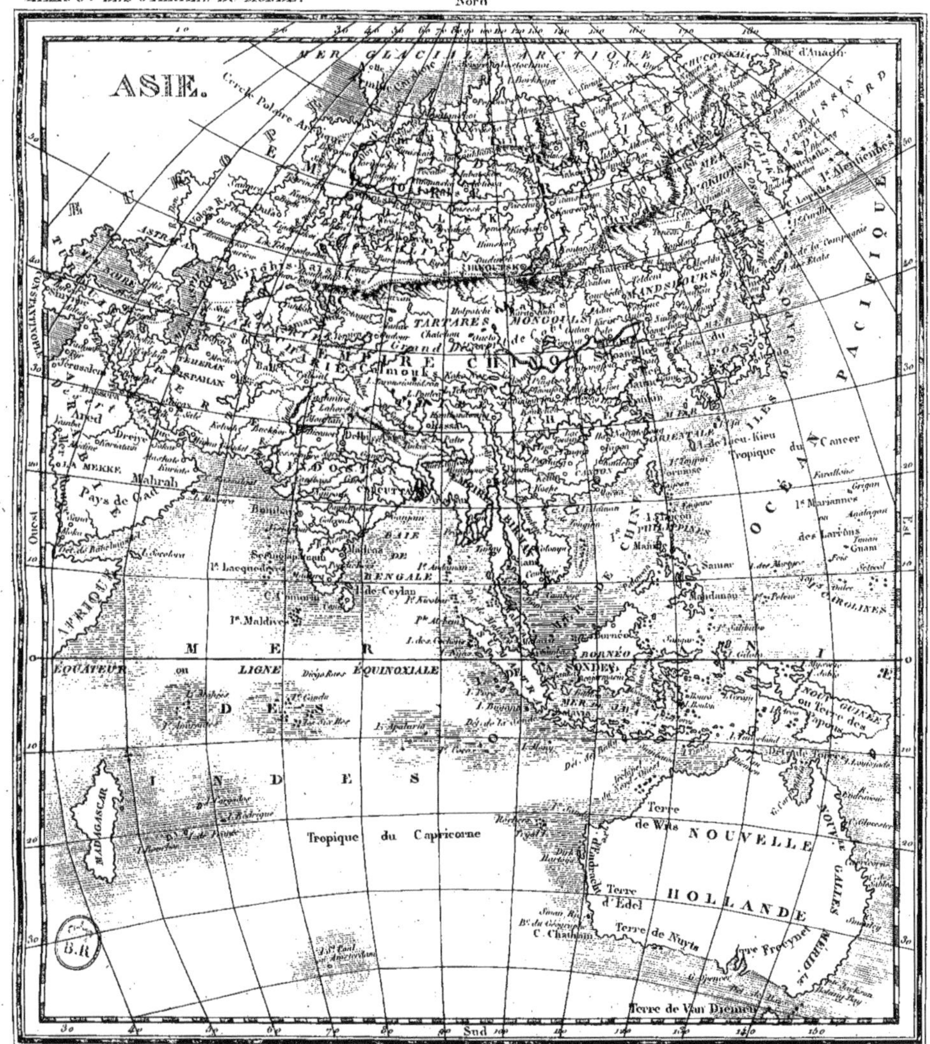

Paris, LOCARD et DAVI, Editeurs, Quai des Augustins, N°. 25, au Premier.

Longitude du Méridien de Paris.

TURQUIE D'EUROPE.

Myriamètres.

Lieues communes de France.

Agachs de Turquie de 22 au degré.

Paris. LOCARD et DAVI, Éditeurs, Quai des Augustins, N.° 25 au Premier.

Longitude du Méridien de Paris.

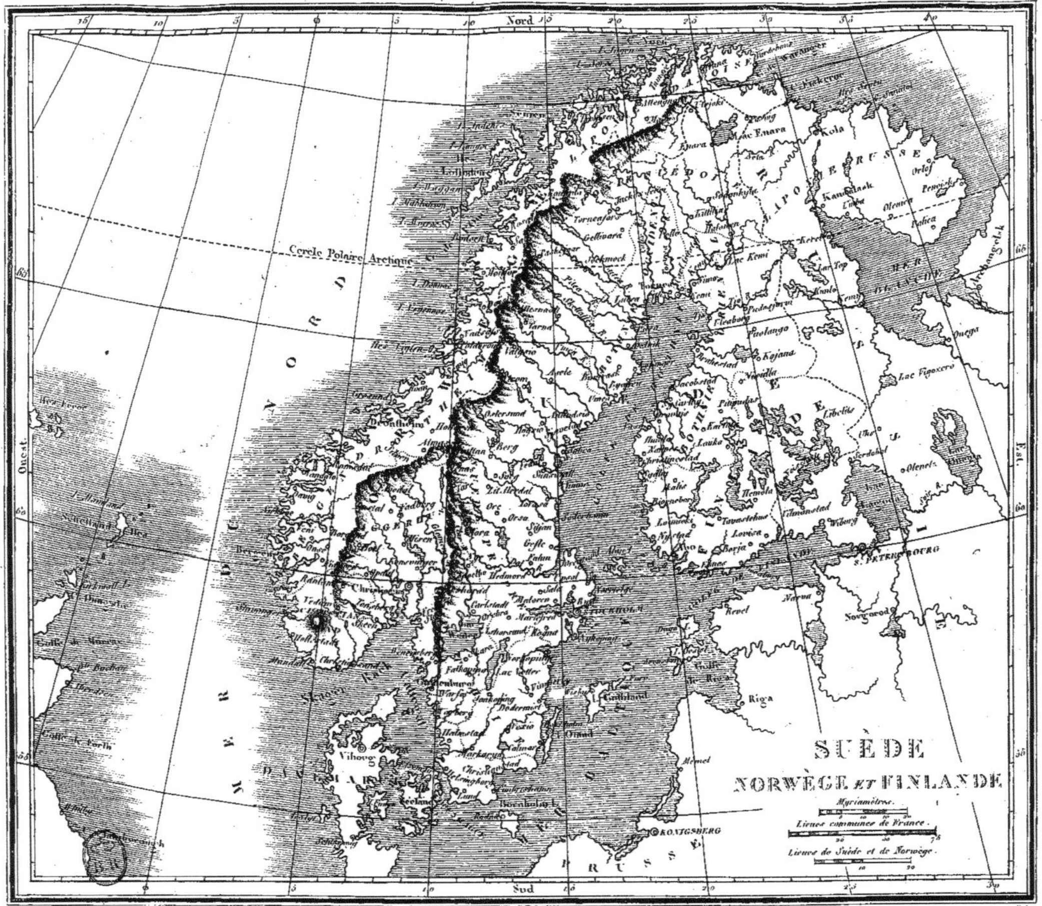

SUÈDE
NORWÈGE ET FINLANDE

Myriamètres.

Lieues communes de France.

Lieues de Suède et de Norwège.

Nord

Sud

Est.

Ouest.

Cercle Polaire Arctique

MER DU NORD

MER BLANCHE

S.T PETERSBOURG

STOCKHOLM

KONIGSBERG

PRUSSE

Paris, LOCARD et DAVI Editeurs, Quai des Augustins, N.o 25, au Premier.

ATLAS G.^{al} DES 5 PARTIES DU MONDE. Longitude du Méridien de Paris.

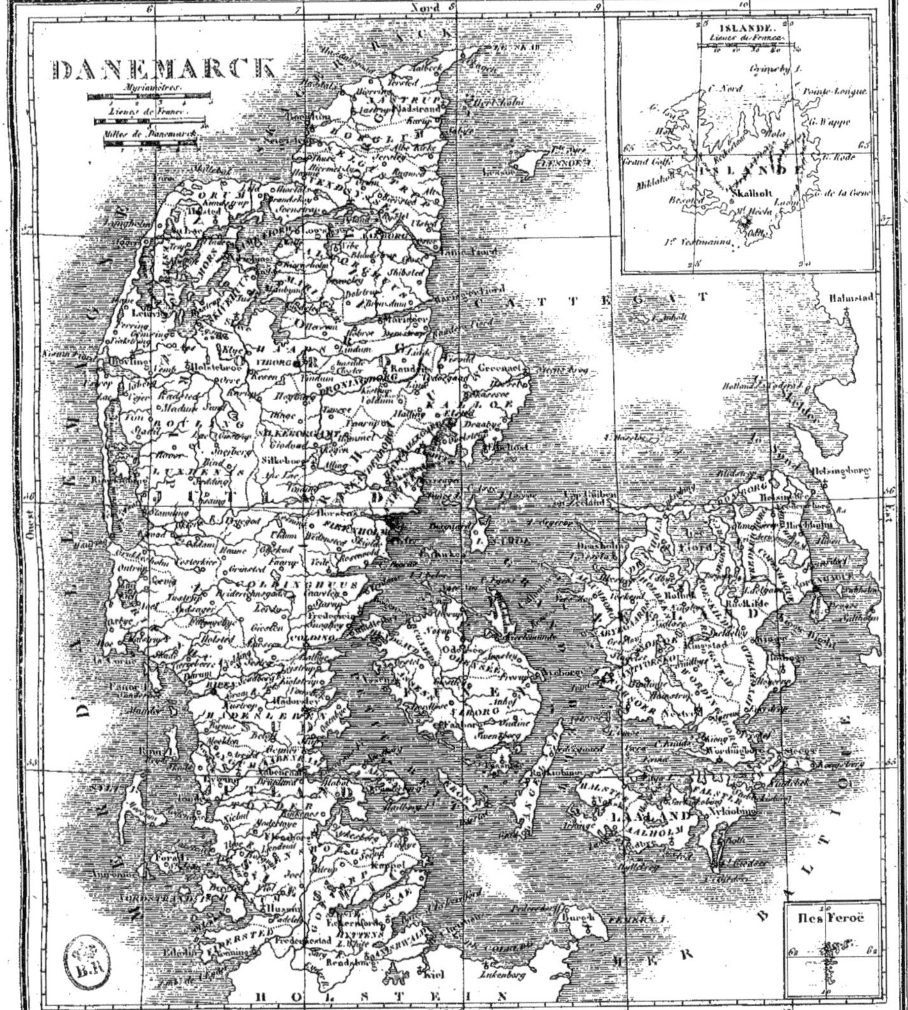

Paris, chez LOCARD et DAVI, Editeurs, Quai des Augustins, N.° 25 au Premier.

ATLAS Gᵈˡ DES 5 PARTIES DU MONDE. *Longitude du Méridien de Paris.*

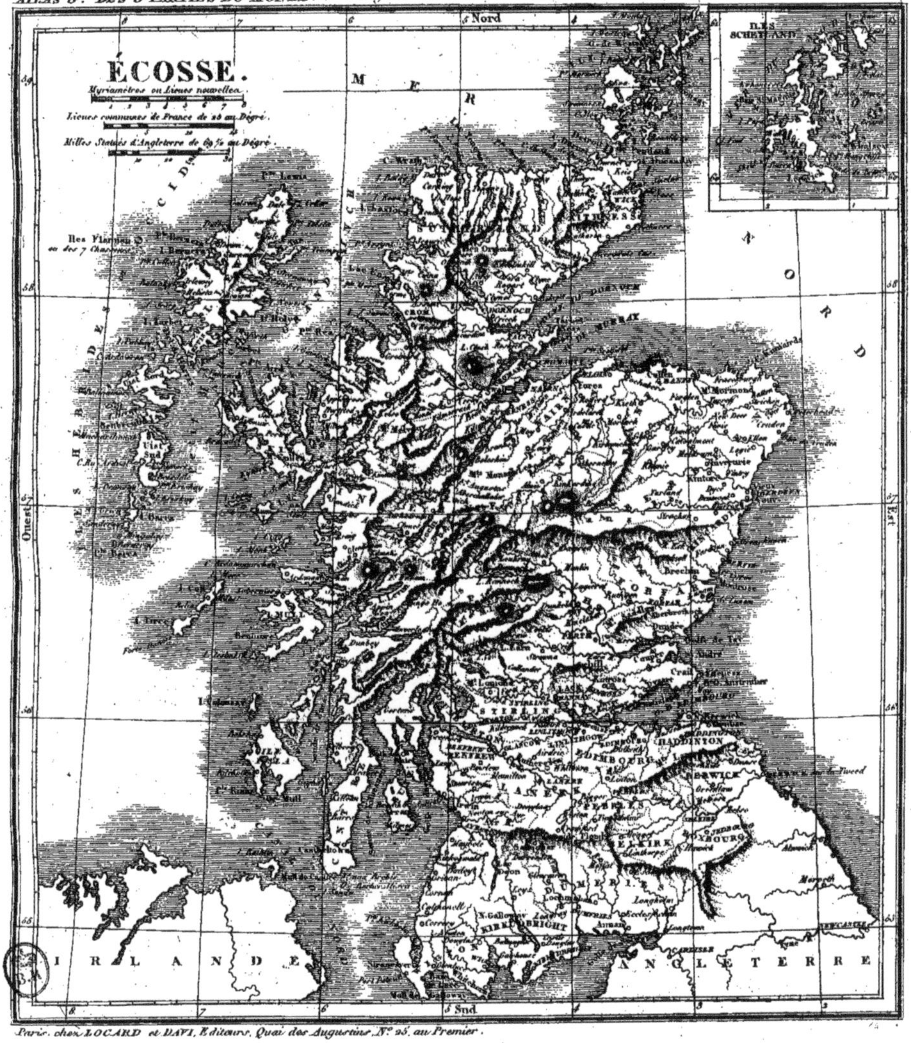
ÉCOSSE.
Myriamètres ou Lieues nouvelles.
Lieues communes de France de 25 au Degré.
Milles Statués d'Angleterre de 69½ au Degré.
Nord
Sud
Ouest
Est
M E R
N O R D
ILES SCHETLAND
I R L A N D E
A N G L E T E R R E
HADDINTON
KIRKCUDBRIGHT
Golfe de Tay
Berwick sur la Tweed

Paris, chez LOCARD et DAVI, Éditeurs, Quai des Augustins, Nº 25, au Premier.

Paris, chez LOCARD et DAVI, Editeurs, Quai des Augustins, N.° 25, au Premier.

ATLAS G.d DES 5 PARTIES DU MONDE. Longitude du Méridien de Paris.

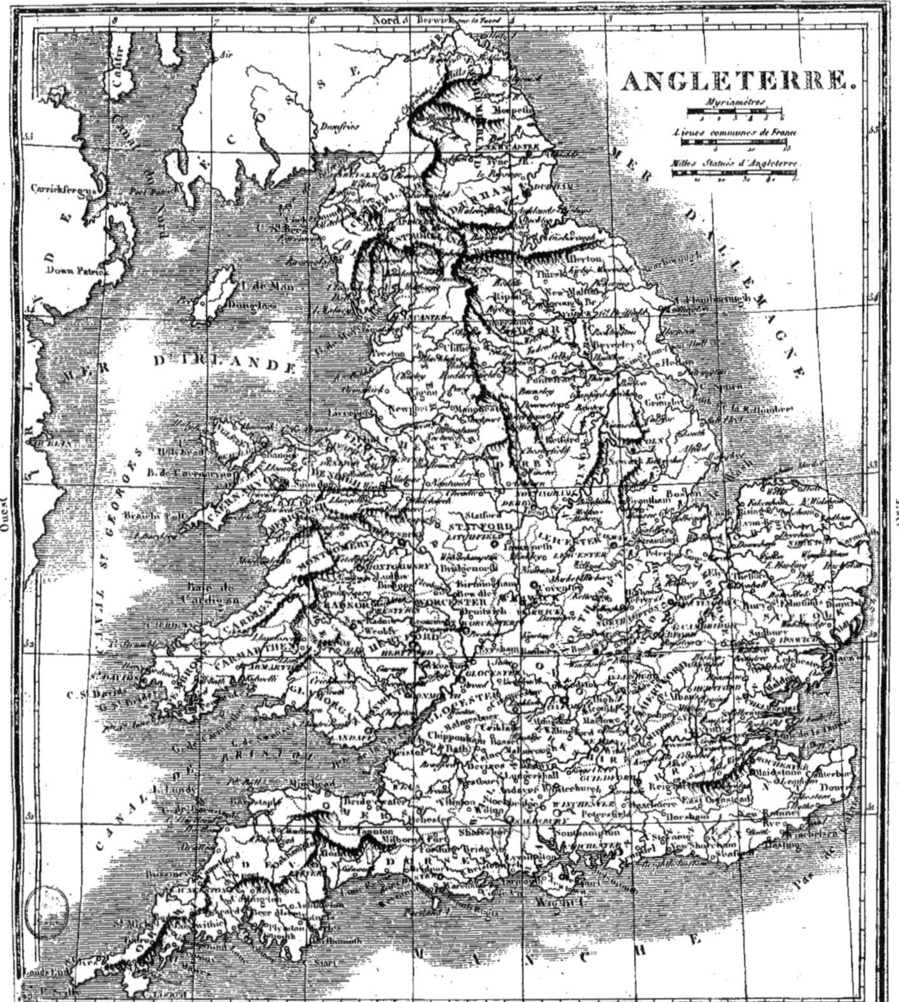

Paris. LOCARD et DAVI, Editeurs, Quai des Augustins, N.o 25, au Premier.

43

Longitude du Méridien de Paris.

Paris, LOCARD et DAVI, Éditeurs, Quai des Augustins, N.° 25, au Premier.

Paris, LOCARD et DAVI, Editeurs, Quai des Augustins, Nº 25, au Premier.

Longitude du Méridien de Paris.

Paris, LOCARD et DAVI, Editeurs Quai des Augustins, N.° 25, au Premier.

Longitude du Méridien de Paris.

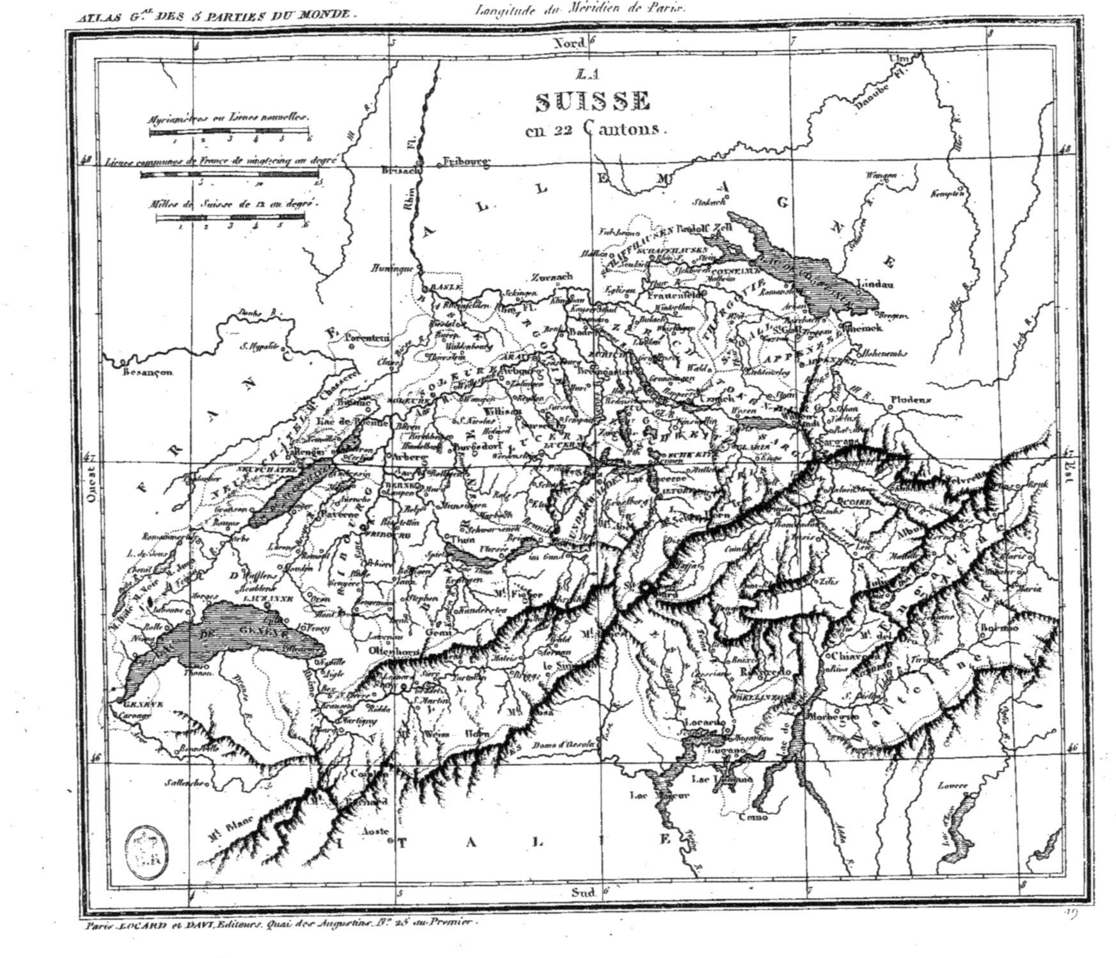

Paris LOCARD et DAVI, Editeurs, Quai des Augustins, N.° 25 au Premier.

19

Longitude du Méridien de Paris.

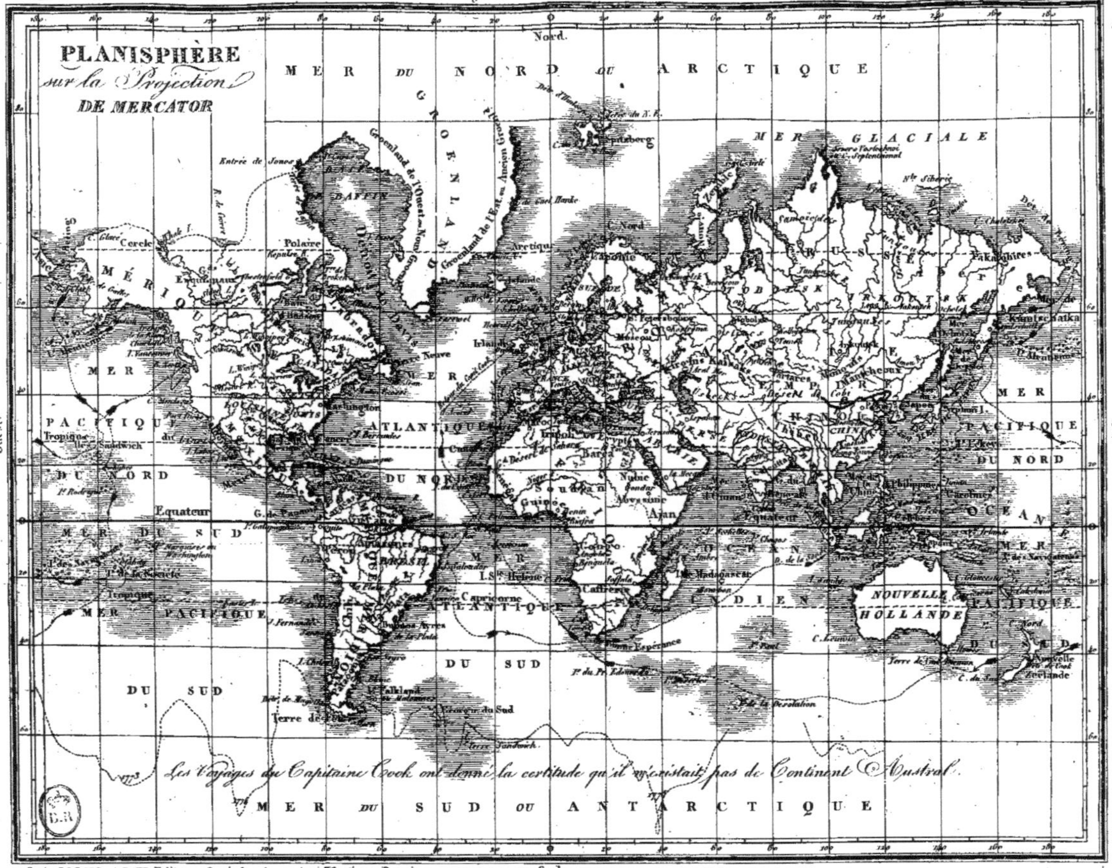

PLANISPHÈRE
sur la Projection DE MERCATOR

Nord.

Ouest.

Est.

MER DU NORD OU ARCTIQUE

MER GLACIALE

GROENLAND

AMÉRIQUE

MER PACIFIQUE DU NORD

MER DU SUD

MER PACIFIQUE

DU SUD

MER ATLANTIQUE DU NORD

MER ATLANTIQUE

DU SUD

MER INDIEN

MER PACIFIQUE DU NORD

OCEAN

MER PACIFIQUE DU SUD

NOUVELLE HOLLANDE

Équateur

Tropique

Cercle Polaire

Arctique

Capricorne

Les Voyages du Capitaine Cook ont donné la certitude qu'il n'existait pas de Continent Austral.

MER DU SUD OU ANTARCTIQUE

Sud

Paris. LOCARD et DAVI, Editeurs, Quai des Augustins, N.º 25, au Premier.

Longitude du Méridien de Paris.

Paris, chez LOCARD et DAVI, Editeurs, Quai des Augustins N.° 25, au Premier.

Longitude du Méridien de Paris.

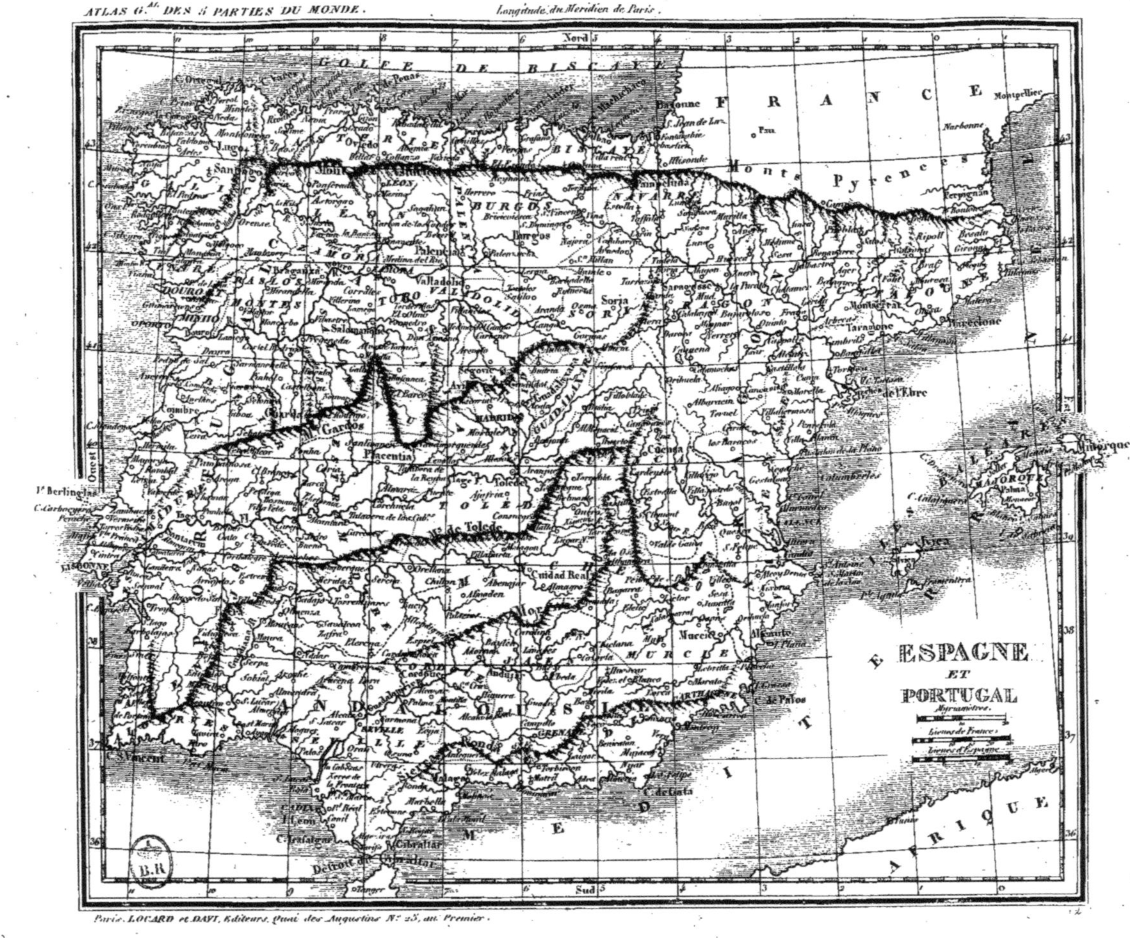

Paris. LOCARD et DAVI, Editeurs, Quai des Augustins N.° 25, au Premier.

Longitude du Méridien de Paris

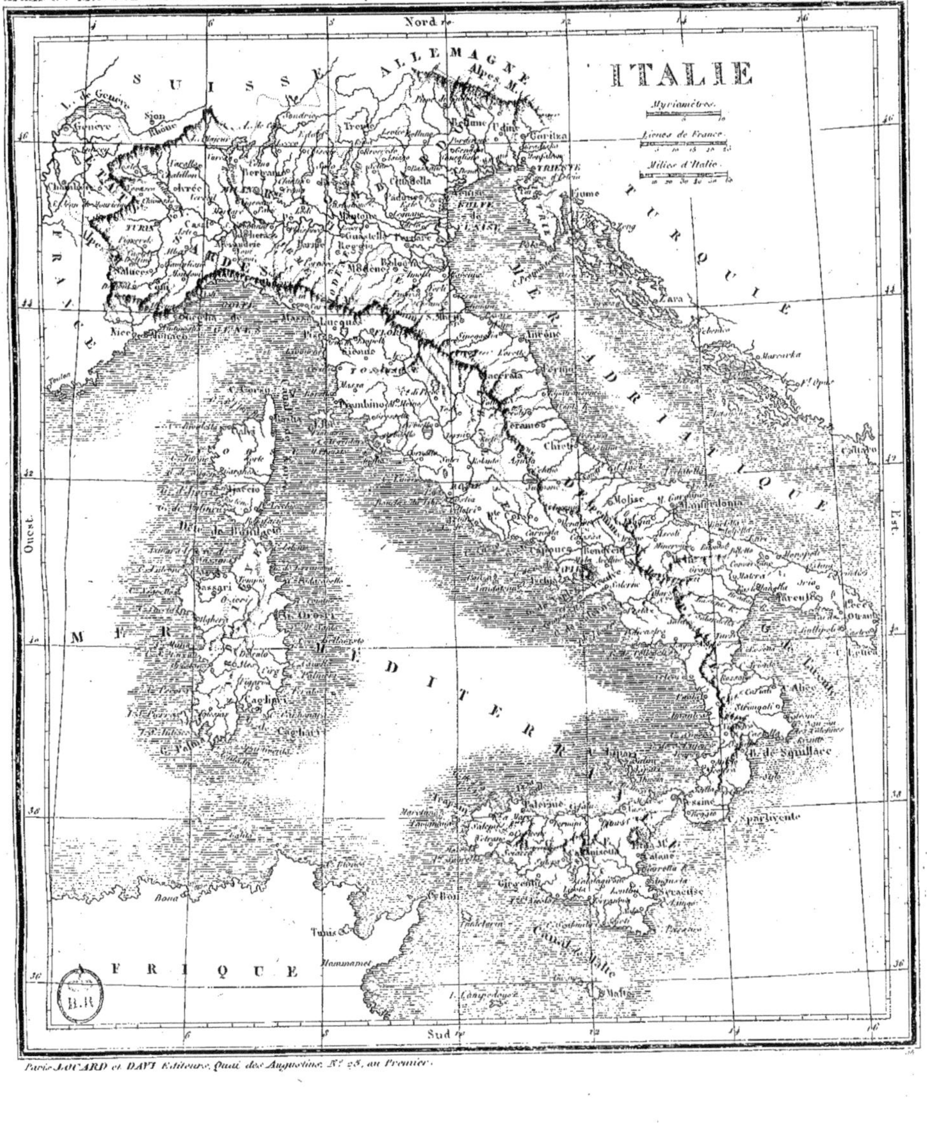

ITALIE

Myriamètres.

Lieues de France.

Milles d'Italie.

Nord

Sud

Ouest.

Est.

SUISSE

ALLEMAGNE

FRANCE

TURQUIE

MER ADRIATIQUE

MER MEDITERRANÉE

AFRIQUE

Paris JOCARD et DAVI Editeurs, Quai des Augustins, N.° 25, au Premier.

Longitude du Méridien de Paris.

Paris. LOCARD et DAVI, Libraires, Quai des Augustins, N.° 25, au Premier.

Longitude du Méridien de Paris.

Paris. LOCARD et DAVI, Editeurs, Quai des Augustins, N.° 25, au Premier.

Paris LOCARD et DAVI Editeurs, Quai des Augustins, N.o 25, au Premier.

Longitude du Méridien de Paris.

Paris, LOCARD et DAVI, Editeurs, Quai des Augustins, N.o 25, au Premier.

ATLAS G.AL DES 5 PARTIES DU MONDE. Longitude du Méridien de Paris.

Paris LOGARD et DAVI, Éditeurs Quai des Augustins, N.° 25, au Premier.

Longitude du Méridien de Paris.

RÉGENCES D'ALGER ET DE TUNIS.

1833.

Echelles:

Lieues de 2000 Toises.

Lieues de 2850 Toises.

Divisions:

I. Alger.
II. Constantine.
III. Mascara.
VI. Titeri.
V. Zab.

MER MÉDITERRANÉE

MAROC

BILEDULGERID

TOUARIKS

TRIPOLI

Tribu des Beni Mezzab

Tribu des Beni Sahed la plus nombreuse du Désert.

Tribu des Beni Choumaed

Désert d'Angad

ALGER

TUNIS

Constantine

Oran

Mascara

Tremecen

Bona

Gadames

Paris. LOCARD et DAVI, Editeurs, Quai des Augustins, N.° 25, au Premier.

 Longitude du Meridien de Paris.

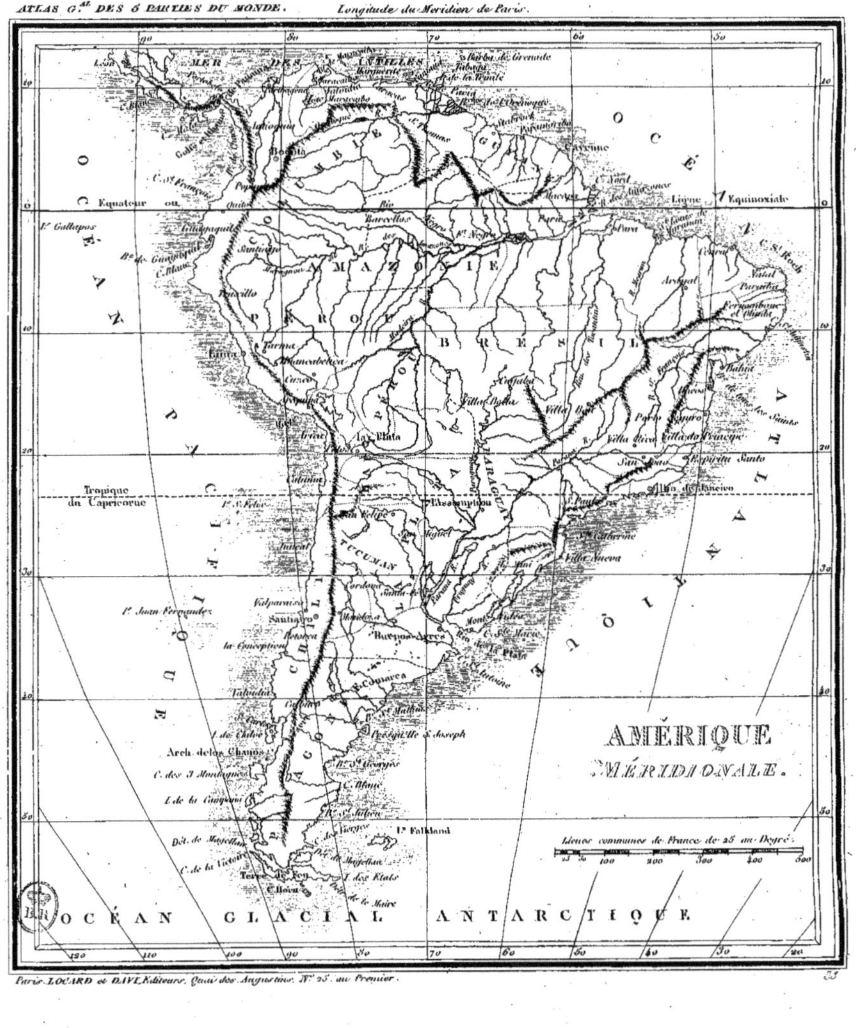

Paris, LOCARD et DAVI, Editeurs, Quai des Augustins, N.° 25. au Premier.

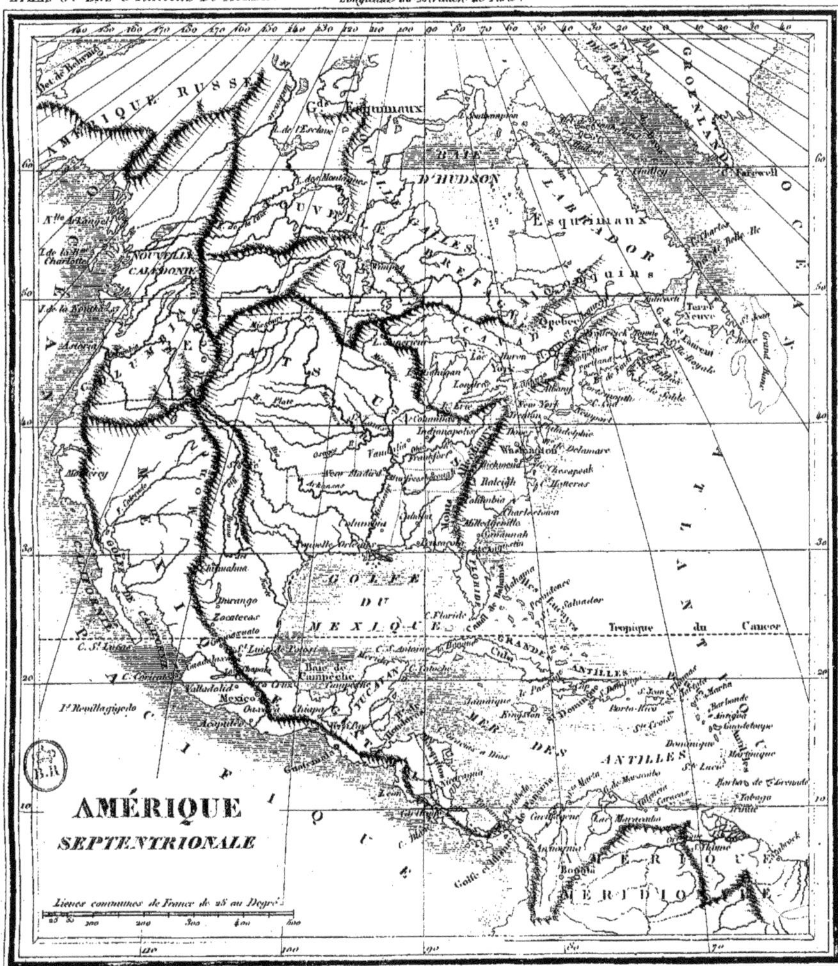

ATLAS Gᴬᴸ DES 5 PARTIES DU MONDE.
Longitude du Meridien de Paris.
AMÉRIQUE
SEPTENTRIONALE
Lieues communes de France de 25 au Degré
AMÉRIQUE RUSSE
BAIE D'HUDSON
LABRADOR
Esquimaux
GROENLAND
NOUVELLE CALEDONIE
NOUVELLE GALLES
CANADA
COLUMBIA
ÉTATS UNIS
MEXIQUE
GOLFE DU MEXIQUE
GRANDES ANTILLES
MER DES ANTILLES
YUCATAN
Tropique du Cancer
OCÉAN ATLANTIQUE
OCÉAN PACIFIQUE
AMÉRIQUE MÉRIDIONALE
Terre Neuve
Washington
New York
Mexico
Cuba
Jamaïque
Floride
Paris. LOCARD et DAVI Editeurs, Quai des Augustins, N° 25, au Premier.

ATLAS G.ᴬᴸ DES 5 PARTIES DU MONDE. Longitude du Méridien de Paris.

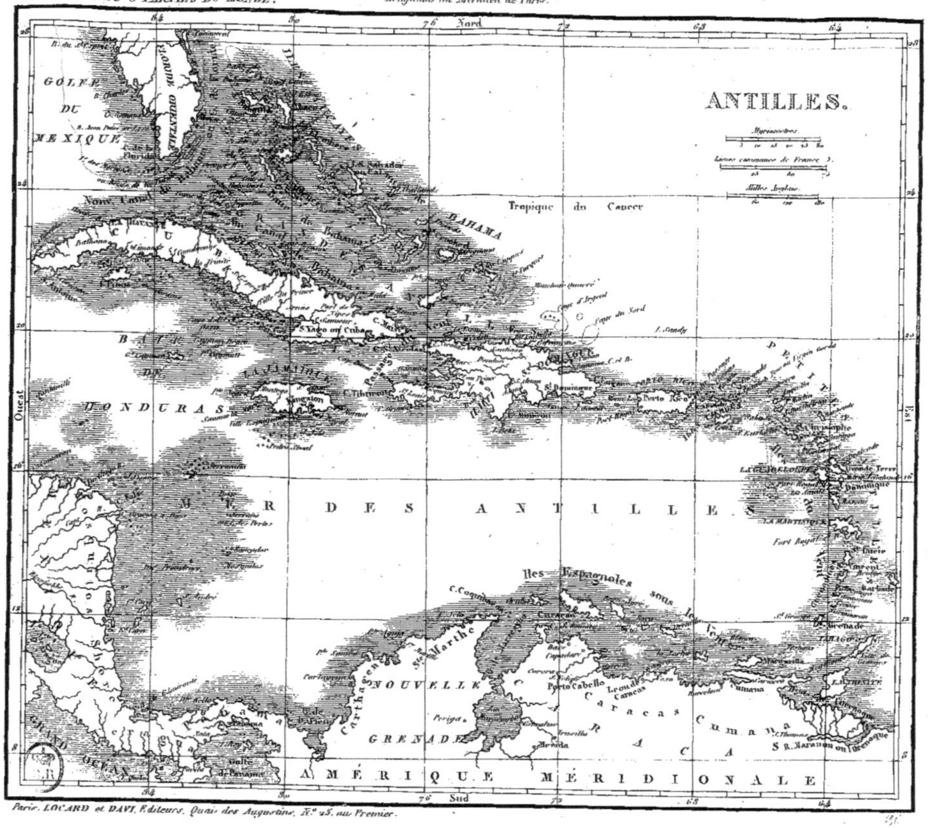
ANTILLES.
Myriamètres
Lieues communes de France
Milles Anglais
Nord
Sud
Est
Ouest
Tropique du Cancer
GOLFE DU MEXIQUE
FLORIDE ORIENTALE
BAHAMA
CUBA
S.t Yago ou Cuba
LA JAMAÏQUE
Kingston
HONDURAS
MER DES ANTILLES
S.t Domingue
Porto Rico
LA GUADELOUPE
LA MARTINIQUE
Fort Royal
Grenade
TABAGO
LA TRINITÉ
Iles Espagnoles sous le Vent
Curaçao
NOUVELLE GRENADE
Carthagène
S.te Marthe
Porto Cabello
Caracas
Cumana
GRAND OCÉAN
AMÉRIQUE MÉRIDIONALE

Paris, LOCARD et DAVI, Éditeurs, Quai des Augustins, N.º 45, au Premier.

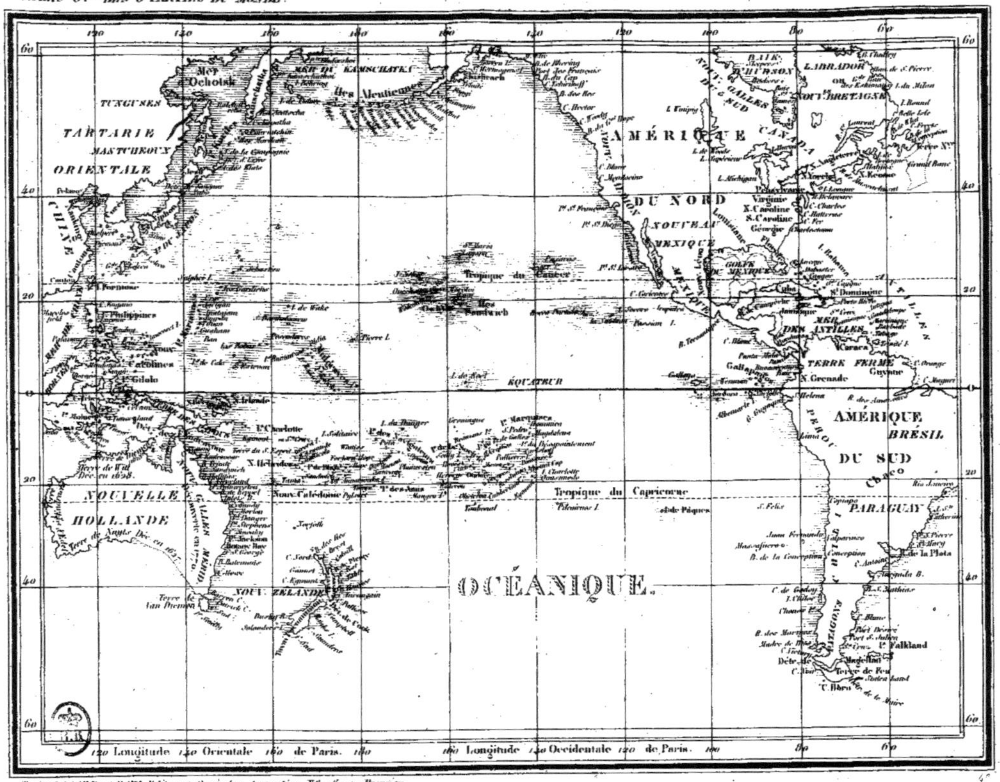
OCÉANIQUE.
AMÉRIQUE DU NORD
AMÉRIQUE DU SUD
BRÉSIL
PEROU
PARAGUAY
PATAGONS
TERRE FERME
GOLFE DU MEXIQUE
NOUVEAU MEXIQUE
CANADA
LABRADOR
NOUV. BRETAGNE
TARTARIE ORIENTALE
TUNGUSES
MASTCHEOUX
CHINE
Mer Ochotsk
MER DU KAMSCHATKA
Iles Aleutiennes
NOUVELLE HOLLANDE
NOUV. GALLES MÉRID.
NOUV. ZÉLANDE
Nouv. Calédonie
Tropique du Cancer
Tropique du Capricorne
ÉQUATEUR
Iles Sandwich
I. de Pâques
I. Falkland
Terre de Feu
Terre de Van Diemen
120 Longitude 140 Orientale 160 de Paris. 180
160 Longitude 140 Occidentale 120 de Paris. 100

Paris, LOCARD et DAVI, Editeurs, Quai des Augustins N.o 25, au Premier.

www.ingramcontent.com/pod-product-compliance
Ingram Content Group UK Ltd.
Pitfield, Milton Keynes, MK11 3LW, UK
UKHW022117190726
13855UKWH00003B/917

9 782013 030359